2015 年版

电网检修工程预算定额

第四册　通信工程

国家能源局　发布

图书在版编目（CIP）数据

电网检修工程预算定额：2015 年版．第 4 册，通信工程/国家能源局发布．一北京：中国电力出版社，2015.10

ISBN 978-7-5123-8313-5

Ⅰ．①电…　Ⅱ．①国…　Ⅲ．①电网－检修－预算定额－中国 ②通信设备－检修－预算定额－中国　Ⅳ．①F426.61

中国版本图书馆 CIP 数据核字（2015）第 229523 号

电网检修工程预算定额（2015 年版）　第四册　通信工程

中国电力出版社出版、发行　汇鑫印务有限公司印刷　各地新华书店经售

（北京市东城区北京站西街 19 号　100005　http://www.cepp.sgcc.com.cn）

2015 年 10 月第一版　2015 年 10 月北京第一次印刷　印数 0001—8000 册

850 毫米×1168 毫米　横 32 开本　5.25 印张　135 千字　定价 **45.00** 元

国家能源局关于颁布《电网技术改造工程定额及费用计算规定》(2015年版)和《电网检修工程定额及费用计算规定》(2015年版)的通知

国能电力〔2015〕270号

各有关单位:

为适应电网检修、技改工程快速发展的需要,科学反映其物料消耗及其市场价格变化情况,合理确定和有效控制电网检修、技改工程造价水平,规范电网检修、技改工程投资行为,维护各参与方合法权益,我局委托中国电力企业联合会组织编制完成《电网技术改造工程定额及费用计算规定》(2015年版)和《电网检修工程定额及费用计算规定》(2015年版)。现印发你们,请遵照执行。

附件:1. 电网技术改造工程预算编制与计算规定

2. 电网技术改造工程概算定额(建筑修缮工程、电气工程、通信工程共3册)

3．电网技术改造工程预算定额（建筑修缮工程、电气工程、输电线路工程、通信工程、调试工程共 5 册）

4．电网拆除工程预算定额（电气工程、输电线路工程、通信工程共 3 册）

5．电网检修工程预算编制与计算规定

6．电网检修工程预算定额（电气工程、输电线路工程、调试工程、通信工程共 4 册）

国家能源局（印）

2015 年 7 月 15 日

总 说 明

一、《电网检修工程预算定额》（2015 年版）共分四册，包括:

第一册　电气工程　　　　　　　　第二册　输电线路工程

第三册　调试工程　　　　　　　　第四册　通信工程

二、本册为第四册《通信工程》(以下简称本定额)，适用于电力专用通信网设备和通信线路的检修。

三、本定额是编制工程概预算的依据，也是编制最高投标限价、投标报价和工程结算的基础依据。

四、本定额主要编制依据:

1. DL/T 548—2012　电力系统通信站过电压防护规程
2. DL/T 564—1995　音频负荷控制接收机
3. DL/T 860 系列　电力自动化通信网络和系统
4. DL/T 598—2010　电力系统自动交换电话网技术规范
5. DL/T 795—2001　电力系统数字调度交换机
6. DL/T 798—2002　电力系统卫星通信运行管理规程
7. DL/T 788—2001　全介质自承式光缆
8. DL/T 544—2012　电力通信运行管理规程
9. DL/T 545—2012　电力系统微波通信运行管理规程
10. DL/T 832—2003　光纤复合架空地线

11. DL/T 888—2004　电力调度交换机电力 DTMF 信令规范
12. DL/Z 981—2005　电力系统控制及其通信数据和通信安全
13. DL/T 5344—2006　电力光纤通信工程验收规范
14. DL/T 5391—2007　电力系统通信设计技术规定
15. GB/T 7329—2008　电力线载波结合设备
16. DL/T 1146—2009　DL/T860 实施技术规范
17. DL 5009.2—2013　电力建设安全工作规程 第 2 部分：电力线路
18. DL 5009.3—2013　电力建设安全工作规程 第 3 部分：变电站
19. 电力建设工程工期定额（2006 年版）
20. GB 50374—2006　通信管道工程施工及验收规范

五、本定额是在设备、材料及器材等完整无损，符合质量标准和设计要求，并附有制造厂出厂检验合格证和试验记录的前提下，按电网检修工程合理的施工组织设计、施工机械配备以及合理的工期、正常的地理气候条件下制定的。定额中的人工、材料、施工机械台班消耗量反映了通信检修工程施工技术水平和组织水平，除各章节另有具体说明外，均不得因实际施工组织、施工方法、劳动力组织与水平、材料消耗种类与数量、施工机械规格与配置等的差异而对定额进行调整或换算。

六、本定额中考虑的工作内容，除各章另有说明外，均包括进场及开工前的准备，工作票、措施票的办理，电力通信设备整机检测，电力通信设备单元板卡、部件更换及调试，电力通信线缆检查、更换。

七、关于人工：

1. 本定额的人工分为普通工和安装技术工，人工用量包括施工基本用工和辅助用工。

2. 普通工单价为37元/工日，安装技术工单价为57元/工日；每个工日为8小时。

3. 本定额内工日均包括与单体、分系统调试之间的相互配合用工。

八、关于材料:

1. 计价材料用量包括合理的施工用量和施工损耗。其中，周转性材料按摊销量计列，零星材料合并为其他材料费。

2. 本定额中计价材料单价按照电力行业2015年第一季度材料预算价格综合取定。

九、关于机械:

1. 机械台班用量包括合理施工用量和必要间歇消耗量等。

2. 本定额中施工机械台班费按电力行业2015年机械台班库综合取定。

3. 不构成固定资产的小型机械或仪表，未计列机械台班用量，包括在《电网技术改造工程预算编制与计算规定》(2015年版)的施工工具用具使用费中。

十、一般抢修工作，当一次抢修任务的累计定额工日数(技工数、普工数分别计算)不足一个工日、载重汽车或起重机械累计定额台班不足一个台班时，均按一个工日或一个台班记取；当超过一个工日或一个台班时，则按定额规定数量计算。

十一、定额内不包括的内容:

1. 表计修理和面板修改、翻新、更换后的重新安装试验。

2. 为了保证安全生产和符合环保要求而在检修时所采取的措施费用。

3. 本定额的检修工作，主要指设备、设施的现场检修，不包括设备的返厂检修。

十二、本定额中凡采用“××以内”或“××以下”者均包括“××”本身，凡采用“××以上”或“××以外”者，均不包括“××”本身。

十三、本说明内未尽事宜，按各章说明执行。

目　　录

第 5 章　支撑网设备

第 6 章　辅助设备及其他设备

第 7 章　程控交换设备

第 8 章　视频监控及安全防护设备

第 9 章　应急指挥系统及卫星通信设备

第1章 光纤通信数字设备

说　明

一、内容范围

本章包括光传输设备整机检测、光传输设备单元板卡检修、网管检修、数字线路段光端对测、无源光网络设备检修、PCM 设备检修。

二、未包括的内容

与外部通道相连的通信光（电）缆检修。

三、定额套用及调整

1．光纤通信数字设备检修定额不得因长途、市话、场地、厂家不同而做调整。

2．光传输设备整机检测按 1+0 状态考虑。当系统为 1+1 状态时，TM 每套增加 2 个技术工日，ADM 每套增加 4 个技术工日，ATM 每套增加 1 个技术工日。

3．PCM 设备网管检测套用光纤通信数字设备网管检测子目。

1.1 光传输设备整机检测

工作内容： 1. 光端机整机检测，光端机引入、引出线缆的检修。2. 设备断电、重启内部数据保持状态。3. 环路保护运行状态检测。4. 测试主要性能指标包括发、收光功率，光端机灵敏度，收、发信误码率，色散指标，系统调优等。

定额编号			XT1－1	XT1－2	XT1－3	XT1－4
项目			密集波分复用器（DWDM）		准同步数字（PDH）传输设备	异步传输模式（ATM）传输设备
			三十二波以下	三十二波以上		
单位			套	套	套	套
基价（元）			**3157.92**	**4537.08**	**886.66**	**1039.86**
其中	人工费（元）		456.00	684.00	370.50	484.50
	材料费（元）		1.77	1.77	1.77	1.77
	机械费（元）		2700.15	3851.31	514.39	553.59
名称		单位	数量			
人工	安装技术工	工日	8.0000	12.0000	6.5000	8.5000
计价材料	乙醇（酒精） 工业用 99.5%	kg	0.2000	0.2000	0.2000	0.2000
	脱脂棉	卷	0.1000	0.1000	0.1000	0.1000
机械	电力工程车	台班	0.9600	0.9600	0.9600	0.9600
	可变光衰耗器	台班	0.9600	1.4400	0.4800	0.4800
	光源	台班	0.9600	1.4400	0.9600	0.9600
	光功率计	台班	0.9600	1.4400	0.9600	0.9600

续表

定额编号			XT1－1	XT1－2	XT1－3	XT1－4
项目			密集波分复用器（DWDM）		准同步数字（PDH）传输设备	异步传输模式（ATM）传输设备
			三十二波以下	三十二波以上		
机械	光频谱分析仪	台班	0.9600	1.4400		
	光纤色散测试仪	台班	0.9600	1.4400		
	功能检测分析平台（电脑）	台班	1.9200	1.9200	2.0000	3.0000

定　额　编　号			XT1 －5	XT1 －6	XT1 －7	XT1 －8
项　　目			分插复用器（ADM）10Gb/s	分插复用器（ADM）2.5Gb/s	分插复用器（ADM）622Mb/s	分插复用器（ADM）155Mb/s
单　　位			套	套	套	套
基　　价（元）			**3961.06**	**3502.23**	**2952.42**	**2207.39**
其中	人　工　费（元）		957.60	889.20	752.40	615.60
	材　料　费（元）		1.77	1.77	1.77	1.77
	机　械　费（元）		3001.69	2611.26	2198.25	1590.02
名　　称		单位	数　　量			
人工	安装技术工	工日	16.8000	15.6000	13.2000	10.8000
计价材料	乙醇（酒精）　工业用　99.5%	kg	0.2000	0.2000	0.2000	0.2000
	脱脂棉	卷	0.1000	0.1000	0.1000	0.1000
机械	电力工程车	台班	0.9600	0.9600	0.9600	0.9600
	网络测试仪	台班	0.9600	0.9600	0.7680	0.5760
	可变光衰耗器	台班	0.9600	0.9600	0.9600	0.9600
	光源	台班	0.9600	0.9600	0.9600	0.9600
	光功率计	台班	0.9600	0.9600	0.9600	0.9600
	SDH 综合测试仪	台班	1.2000	1.0000	0.8000	0.5000
	功能检测分析平台（电脑）	台班	1.9200	1.9200	1.9200	1.9200

定额编号			XT1-9	XT1-10	XT1-11	XT1-12	XT1-13
项目			终端复用器（TM）10Gb/s	终端复用器（TM）2.5Gb/s	终端复用器（TM）622Mb/s	终端复用器（TM）155Mb/s	系统调优
单位			套	套	套	套	套
基价（元）			**2790.66**	**2390.24**	**2104.05**	**1749.45**	**3863.47**
其中	人工费（元）		820.80	615.60	547.20	410.40	1368.00
	材料费（元）		1.77	1.77	1.77	1.77	
	机械费（元）		1968.09	1772.87	1555.08	1337.28	2495.47
名称		单位	数量				
人工	安装技术工	工日	14.4000	10.8000	9.6000	7.2000	24.0000
计价材料	乙醇（酒精） 工业用 99.5%	kg	0.2000	0.2000	0.2000	0.2000	
	脱脂棉	卷	0.1000	0.1000	0.1000	0.1000	
机械	电力工程车	台班	0.9600	0.9600	0.9600	0.9600	0.9600
	网络测试仪	台班	0.7680	0.7680	0.5760	0.3840	0.9600
	可变光衰耗器	台班	0.4800	0.4800	0.4800	0.4800	1.2000
	光源	台班	0.9600	0.9600	0.9600	0.9600	1.2000
	光功率计	台班	0.9600	0.9600	0.9600	0.9600	1.2000
	SDH 综合测试仪	台班	0.7000	0.6000	0.5000	0.4000	0.9000
	功能检测分析平台（电脑）	台班	1.9200	1.9200	1.9200	1.9200	3.0000

1.2 光传输设备单元板卡检修

工作内容：对单元板卡和部件进行检测、更换、调试。

定额编号			XT1－14	XT1－15	XT1－16	XT1－17	XT1－18	XT1－19	XT1－20	XT1－21
项目			光设备单元板卡检测	光设备单元板卡更换、调试	光功率放大器检测	光功率放大器更换、调试	光转换器检测	光转换器更换、调试	协议转换器检测	协议转换器更换、调试
单位			块	块	套	套	个	个	个	个
基价（元）			**1029.87**	**1363.64**	**435.38**	**628.61**	**214.09**	**259.04**	**175.03**	**214.36**
其中	人工费（元）		54.72	136.80	68.40	136.80	57.00	102.60	45.60	96.90
	材料费（元）		2.42	7.03	2.42	7.03	2.42	7.03	2.42	7.03
	机械费（元）		972.73	1219.81	364.56	484.78	154.67	149.41	127.01	110.43
名称		单位	数量							
人工	安装技术工	工日	0.9600	2.4000	1.2000	2.4000	1.0000	1.8000	0.8000	1.7000
计价材料	镀锌六角螺栓 综合	kg		0.1000		0.1000		0.1000		0.1000
	铜接线端子 100A	个		1.0000		1.0000		1.0000		1.0000
	热缩管	m		0.3000		0.3000		0.3000		0.3000
	乙醇（酒精） 工业用 99.5%	kg	0.2000	0.3000	0.2000	0.3000	0.2000	0.3000	0.2000	0.3000
	脱脂棉	卷	0.2000	0.3000	0.2000	0.3000	0.2000	0.3000	0.2000	0.3000
机械	电力工程车	台班	0.4800	0.2880	0.2880	0.1920	0.2880	0.1920	0.2880	0.1920
	可变光衰耗器	台班	0.3840	0.9600	0.4800	0.9600	0.2000	0.2000	0.2000	0.2000

续表

定额编号			XT1－14	XT1－15	XT1－16	XT1－17	XT1－18	XT1－19	XT1－20	XT1－21
项目			光设备单元板卡检测	光设备单元板卡更换、调试	光功率放大器检测	光功率放大器更换、调试	光转换器检测	光转换器更换、调试	协议转换器检测	协议转换器更换、调试
机械	光源	台班		0.9600		0.9600	0.3000	0.4000		
	光功率计	台班	0.3840	0.9600	0.4800	0.9600	0.3000	0.4000		
	SDH综合测试仪	台班	0.3840	0.4800	0.1000	0.1200				
	功能检测分析平台（电脑）	台班	0.4800	0.9600	0.4800	0.9600	0.4800	0.9600	0.4000	0.8000

1.3 网管检修

工作内容： 1. 对网络管理系统进行设备检测，硬件系统包括服务器，终端管理器，专业路由器，分、集线器，显示器等设备。2. 软件系统包括网络管理系统的数据库、运行界面、支持系统等。3. 软硬件升级包括软件系统的版本升级、硬件系统部件升级及更换工作。

定额编号			XT1－22	XT1－23	XT1－24	XT1－25	XT1－26	XT1－27
项目			硬件检测		软件备份		软硬件升级	
			中心站	远端站	中心站	远端站	中心站	远端站
单位			套	套	套	套	套	套
基价（元）			**2572.15**	**2141.18**	**500.88**	**462.79**	**2676.43**	**1981.68**
其中	人工费（元）		205.20	102.60	205.20	102.60	1026.00	342.00
	材料费（元）							
	机械费（元）		2366.95	2038.58	295.68	360.19	1650.43	1639.68
名称		单位	数量					
人工	安装技术工	工日	3.6000	1.8000	3.6000	1.8000	18.0000	6.0000
机械	电力工程车	台班	0.7680	0.9600	0.7680	0.9600	0.7680	0.9600
	数字存储示波器	台班	0.9600	0.5760			2.8800	2.8800
	服务器管理测试系统	台班	1.1712	1.0560				
	网络测试仪	台班	0.9600	0.7680			0.9600	0.9600
	功能检测分析平台（电脑）	台班	3.8400	1.9200	0.9600	0.9600	3.8400	1.9200

1.4 数字线路段光端对测

工作内容：对系统误码特性、系统抖动、系统光功率等测试。

定额编号			XT1－28	XT1－29	XT1－30
项目			数字线路段光端对测		复用设备系统调测
			中继站	端站	
单位			端	端	系统/端
基价（元）			**1032.60**	**1427.06**	**1011.63**
其中	人工费（元）		136.80	205.20	125.40
	材料费（元）				
	机械费（元）		895.80	1221.86	886.23
名称		单位	数量		
人工	安装技术工	工日	2.4000	3.6000	2.2000
机械	电力工程车	台班	0.9600	0.9600	0.9600
	网络测试仪	台班	0.1920	0.2880	0.1920
	可变光衰耗器	台班	0.2880	0.3840	0.4800
	光源	台班	0.2880	0.3840	
	光功率计	台班	0.2880	0.3840	
	SDH 综合测试仪	台班	0.2400	0.3840	0.2400
	功能检测分析平台（电脑）	台班	0.9600	1.4400	0.9600

1.5　无源光网络设备检修

工作内容：整体检测，包括引入、引出线缆的检修；设备断电、重启内部数据保持状态。测试主要性能指标包括发、收光功率，光端机灵敏度，收发信误码率等。

定　额　编　号			XT1－31	XT1－32	XT1－33	XT1－34	XT1－35	XT1－36	XT1－37
项　　目			光分路器检测、更换		光网络单元检测、更换	光线路终端检测	无线设备检测、更换		低压载波设备检测、更换
			1:8 以下	1:8 以上			接入点设备	中继设备	
单　　位			套	套	套	套	套	套	台
基　　价（元）			**110.15**	**131.61**	**154.37**	**228.23**	**180.94**	**136.48**	**135.92**
其中	人　工　费（元）		47.52	64.62	54.36	109.08	115.10	70.64	70.08
	材　料　费（元）		11.56	12.15	11.31	11.63	12.08	12.08	12.08
	机　械　费（元）		51.07	54.84	88.70	107.52	53.76	53.76	53.76
名　　称		单位	数　　量						
人工	普通工	工日	0.3600	0.3600	0.3600	0.3600	0.8000	0.8000	0.6000
	安装技术工	工日	0.6000	0.9000	0.7200	1.6800	1.5000	0.7200	0.8400
计价材料	镀锌六角螺栓　综合	kg	0.1000	0.1000	0.1000	0.1000	0.1000	0.1000	0.1000
	热缩管	m	0.2000	0.3000					
	标签色带　(12～36)mm×8m	卷	0.5000	0.5000	0.5000	0.5000	0.5000	0.5000	0.5000
	脱脂棉	卷	0.0200	0.0500	0.0500	0.1000	0.1000	0.1000	0.1000

续表

定额编号			XT1－31	XT1－32	XT1－33	XT1－34	XT1－35	XT1－36	XT1－37
项目			光分路器检测、更换		光网络单元检测、更换	光线路终端检测	无线设备检测、更换		低压载波设备检测、更换
			1:8 以下	1:8 以上			接入点设备	中继设备	
计价材料	其他材料费	元	0.1100	0.2800	0.1100	0.1100	0.5600	0.5600	0.5600
机械	电力工程车	台班	0.0960	0.0960	0.0960	0.0960	0.0480	0.0480	0.0480
	光功率计	台班	0.4800	0.5760	0.9600	0.9600			
	功能检测分析平台（电脑）	台班			0.4800	0.9600	0.9600	0.9600	0.9600

工作内容： 对单元板卡和部件进行检测、更换、测试。

定额编号			XT1－38	XT1－39
项目			无源光网络设备单元板卡检测	无源光网络设备单元板卡更换、调试
单位			块	块
基价（元）			**48.62**	**75.79**
其中	人工费（元）		13.68	34.20
	材料费（元）			6.65
	机械费（元）		34.94	34.94
名称		单位	数量	
人工	安装技术工	工日	0.2400	0.6000
计价材料	标签色带 （12～36）mm×8m	卷		0.3000
	脱脂棉	卷		0.0500
	其他材料费	元		0.2800
机械	电力工程车	台班	0.0480	0.0480
	功能检测分析平台（电脑）	台班	0.4800	0.4800

工作内容： 1. 对网络管理系统进行设备检测，网络管理系统的数据库、运行界面、支持系统调试。
2. 软件系统的版本升级、硬件系统部件升级、更换等工作。

定额编号			XT1－40	XT1－41	XT1－42
项目			硬件检测	软件备份	软硬件升级
单位			套	套	套
基价（元）			**531.12**	**156.86**	**585.82**
其中	人工费（元）		75.24	54.72	205.20
	材料费（元）				
	机械费（元）		455.88	102.14	380.62
名称		单位	数量		
人工	安装技术工	工日	1.3200	0.9600	3.6000
机械	电力工程车	台班	0.1920	0.1920	0.1920
	数字存储示波器	台班	0.1920		0.3840
	服务器管理测试系统	台班	0.1920		
	网络测试仪	台班	0.4800		0.7680
	功能检测分析平台（电脑）	台班	0.4800	0.9600	1.9200

工作内容：对系统误码特性、系统光功率等测试。

定额编号			XT1－43
项目			数字线路段光端对测
单位			用户段
基价（元）			**156.46**
其中	人工费（元）		68.40
	材料费（元）		
	机械费（元）		88.06
名称		单位	数量
人工	安装技术工	工日	1.2000
机械	电力工程车	台班	0.1920
	光源	台班	0.2880
	光功率计	台班	0.2880

1.6 PCM 设备检修

工作内容：对 PCM 设备进行整体检测，对部分板卡和部件进行检测、更换、调试。

定额编号			XT1－44	XT1－45	XT1－46
项目			PCM 设备整机检测	PCM 设备单元板卡检测	PCM 设备单元板卡更换、调试
单位			套	块	块
基价（元）			**595.99**	**251.02**	**309.24**
其中	人工费（元）		171.00	39.90	57.00
	材料费（元）		9.69	3.88	8.19
	机械费（元）		415.30	207.24	244.05
名称		单位	数量		
人工	安装技术工	工日	3.0000	0.7000	1.0000
计价材料	镀锌六角螺栓　综合	kg			0.3000
	乙醇（酒精）　工业用　99.5%	kg	0.5000	0.2000	0.3000
	棉纱头	kg	0.5000	0.2000	0.3000
	脱脂棉	卷	0.5000	0.2000	0.3000
机械	电力工程车	台班	0.5000	0.2880	0.2880
	PCM 通道测试仪	台班	0.9600	0.2880	0.5000
	功能检测分析平台（电脑）	台班	0.9600	0.2880	0.5000
	数字传输分析仪	台班	0.0400	0.0300	0.0300

第2章 通信电源设备

说　明

一、内容范围

本章包括电源设备整机检测及单元板卡、模块检修，蓄电池组检测及更换。

二、未包括的内容

设备电源电缆的敷设。

三、定额套用及调整

1．蓄电池更换，10 只以下每增加 1 只增加部分相应定额乘 0.4 系数，10 只以上 24 只以下，每增加 1 只增加部分相应定额乘 0.3 系数。

2．其他类型免维护蓄电池均套用此定额。

2.1 电源设备整机检测及单元板卡、模块检修

工作内容： 对电源设备进行整体检测，对部分板卡、模块进行检测、更换、测试。

定额编号			XT2－1	XT2－2	XT2－3	XT2－4
项目			电源设备整机检测		电源设备单元板卡、模块检测	电源设备单元板卡、模块更换、调试
			150A 以下	150A 以上		
单位			套	套	块	块
基价（元）			**1021.45**	**1279.28**	**188.62**	**247.47**
其中	人工费（元）		342.00	427.50	39.90	68.40
	材料费（元）		6.05	9.68	2.42	6.87
	机械费（元）		673.40	842.10	146.30	172.20
名称		单位	数量			
人工	安装技术工	工日	6.0000	7.5000	0.7000	1.2000
计价材料	铜接线端子 100A	个				1.0000
	乙醇（酒精） 工业用 99.5%	kg	0.5000	0.8000	0.2000	0.3000
	脱脂棉	卷	0.5000	0.8000	0.2000	0.5000
机械	电力工程车	台班	1.0000	1.0000	0.3000	0.3000
	直流标准源	台班	1.0000	1.5000	0.1000	0.2000
	功能检测分析平台（电脑）	台班	2.0000	3.0000	0.5000	0.5000

2.2 蓄电池组检测及更换

工作内容：1. 对48V 阀控式密封铅酸蓄电池组进行检测、充放电试验及更换。2. 测量蓄电池组正负极端电压、检查电池壳有无漏液、鼓涨及损伤，检查灰尘锈斑，螺栓螺母，交、直流切换。

定额编号			XT2－5	XT2－6	XT2－7	XT2－8	XT2－9	XT2－10
项目			48V 阀控式密封铅酸蓄电池检测		蓄电池更换		蓄电池在线监测设备检测	蓄电池在线监测设备更换、调试
			500Ah 以下	500Ah 以上	500Ah 以下	500Ah 以上		
单位			组	组	只	只	组	组
基价（元）			**1051.43**	**1291.25**	**178.45**	**199.25**	**544.74**	**716.09**
其中	人工费（元）		456.00	570.00	75.50	96.30	114.00	193.20
	材料费（元）		4.69	6.22	2.15	2.15	2.15	94.30
	机械费（元）		590.74	715.03	100.80	100.80	428.59	428.59
名称		单位	数量					
人工	普通工	工日			0.5000	0.6000		0.6000
	安装技术工	工日	8.0000	10.0000	1.0000	1.3000	2.0000	3.0000
计价材料	软铜绞线 35mm²	m						3.0000
	铜接线端子 100A	个						2.0000
	热缩管	m	0.5000	0.5000	0.5000	0.5000	0.5000	0.5000
	凡士林	kg	0.7000	1.0000	0.2000	0.2000	0.2000	1.0000
	其他材料费	元	0.0500	0.0600	0.0200	0.0200	0.0200	0.9300

续表

定额编号			XT2－5	XT2－6	XT2－7	XT2－8	XT2－9	XT2－10
项目			48V阀控式密封铅酸蓄电池检测		蓄电池更换		蓄电池在线监测设备检测	蓄电池在线监测设备更换、调试
			500Ah以下	500Ah以上	500Ah以下	500Ah以上		
机械	电力工程车	台班	0.5000	0.5000	0.1000	0.1000	1.0000	1.0000
	蓄电池放电仪	台班	1.0000	1.2000	0.3000	0.3000		
	蓄电池特性容量监测仪	台班	0.5000	0.7000			1.0000	1.0000
	蓄电池内阻测试仪	台班	0.5000	0.7000				

第3章 微波设备

说　明

一、内容范围

本章包括微波设备整机检测，微波全电路检测，微波设备单元板卡检修，天、馈线检修，微波铁塔检修。

二、未包括的内容

避雷装置检修。

三、定额套用及调整

1．馈线检测、更换，馈线更换每增加 1 条增加部分相应定额乘 0.7 系数。

2．微波铁塔防腐油漆为未计价材料。

3．天线防护罩更换套用天线更换相应定额乘 0.9 系数。

3.1 微波设备整机检测

工作内容： 1. 对微波设备进行整体检测，包括微波设备的引入、引出线缆的检修，设备内部链路数据保持状态，链路运行状态检测。2. 测试主要性能指标包括发、收信电平，设备灵敏度，收、发信误码率，通道误码等。

定额编号			XT3-1	XT3-2	XT3-3	XT3-4
项目			数字微波		一点多址	
			中间站	终端站	中心站	外围站
单位			套	套	套	套
基价（元）			**2923.02**	**2638.02**	**2798.82**	**1954.02**
其中	人工费（元）		1197.00	912.00	1140.00	228.00
	材料费（元）		1.22	1.22	1.22	1.22
	机械费（元）		1724.80	1724.80	1657.60	1724.80
名称		单位	数量			
人工	安装技术工	工日	21.0000	16.0000	20.0000	4.0000
计价材料	乙醇（酒精） 工业用 99.5%	kg	0.1000	0.1000	0.1000	0.1000
	脱脂棉	卷	0.1000	0.1000	0.1000	0.1000
	其他材料费	元	0.0100	0.0100	0.0100	0.0100
机械	电力工程车	台班	1.0000	0.8000	0.8000	1.0000
	数字存储示波器	台班	0.5000	0.5000	0.5000	0.5000
	数据分析仪（数据测试仪）	台班	2.0000	2.5000	2.0000	2.0000

续表

定额编号			XT3－1	XT3－2	XT3－3	XT3－4
项目			数字微波		一点多址	
			中间站	终端站	中心站	外围站
机械	频谱分析仪	台班	0.5000	0.5000	0.5000	0.5000
	微波功率计	台班	0.5000	0.5000	0.5000	0.5000
	微波综合测试仪	台班	1.0000	1.0000	1.0000	1.0000
	功能检测分析平台（电脑）	台班	1.0000	1.0000	1.0000	1.0000

定额编号			XT3－5	XT3－6	XT3－7	XT3－8
项目			扩频通信		系统调优	网管数据维护
			主站	分站		
单位			套	套	套	套
基价（元）			**2684.82**	**1886.82**	**2514.42**	**544.10**
其中	人工费（元）		1026.00	228.00	570.00	370.50
	材料费（元）		1.22	1.22	1.22	
	机械费（元）		1657.60	1657.60	1943.20	173.60
名称		单位	数量			
人工	安装技术工	工日	18.0000	4.0000	10.0000	6.5000
计价材料	乙醇（酒精） 工业用 99.5%	kg	0.1000	0.1000	0.1000	
	脱脂棉	卷	0.1000	0.1000	0.1000	
	其他材料费	元	0.0100	0.0100	0.0100	
机械	电力工程车	台班	0.8000	1.0000	1.0000	
	数字存储示波器	台班	0.5000	0.5000	0.5000	
	数据分析仪（数据测试仪）	台班	2.0000	1.5000	3.0000	1.0000
	频谱分析仪	台班	0.5000	0.5000	0.5000	
	微波功率计	台班	0.5000	0.5000	1.0000	
	微波综合测试仪	台班	1.0000	1.0000	1.0000	
	功能检测分析平台（电脑）	台班	1.0000	1.0000	2.0000	1.0000

3.2 微波全电路检测

工作内容：对微波系统全电路主、辅通道调测，测试误码率、误码性能及抖动指标，调试遥信、遥控及告警功能等工作。

定额编号			XT3-9	XT3-10	XT3-11	XT3-12	XT3-13
项目			全电路主通道检测	全电路辅助通道检测	全电路集中监控性能调测	全电路主通道集中监控性能调试	全电路稳定性能检测
			两个终端站		主控站	次主控站	
			1+1系统				
单位			段	段	站	站	站
基价（元）			**2292.80**	**891.60**	**1087.04**	**788.12**	**1799.00**
其中	人工费（元）		456.00	228.00	228.00	171.00	399.00
	材料费（元）						
	机械费（元）		1836.80	663.60	859.04	617.12	1400.00
名称		单位	数量				
人工	安装技术工	工日	8.0000	4.0000	4.0000	3.0000	7.0000
机械	电力工程车	台班	1.0000	1.0000	1.0000	1.0000	1.0000
	数字存储示波器	台班	0.2000	0.1000			0.1000
	误码测试仪（2M）	台班					4.0000
	数据分析仪（数据测试仪）	台班	1.0000	0.2000	0.6000	0.3000	0.5000
	频谱分析仪	台班	1.0000	0.2000			0.5000

续表

定额编号			XT3－9	XT3－10	XT3－11	XT3－12	XT3－13
项目			全电路主通道检测	全电路辅助通道检测	全电路集中监控性能调测	全电路主通道集中监控性能调试	全电路稳定性能检测
			两个终端站		主控站	次主控站	
			1+1系统				
机械	微波功率计	台班	1.0000	0.2000			0.5000
	微波综合测试仪	台班	1.0000	0.2000	0.6000	0.3000	0.5000
	谐波测试仪	台班	1.0000	0.2000			0.5000
	功能检测分析平台（电脑）	台班	2.0000	0.5000	1.0000	1.0000	1.0000

3.3 微波设备单元板卡检修

工作内容：对单元板卡和部件进行检修，检修工作包括对板卡和部件的检测、更换、调试。

定额编号			XT3－14	XT3－15	XT3－16	XT3－17
项目			微波设备单元板卡检测	微波设备单元板卡更换、调试	充气机检修	充气机更换
单位			块	块	只	只
基价（元）			**379.10**	**584.22**	**137.45**	**228.05**
其中	人工费（元）		57.00	102.60	57.00	114.00
	材料费（元）		1.22	4.50	2.05	2.05
	机械费（元）		320.88	477.12	78.40	112.00
名称		单位	数量			
人工	安装技术工	工日	1.0000	1.8000	1.0000	2.0000
计价材料	镀锌六角螺栓　综合	kg		0.2000	0.2000	0.2000
	热缩管	m		0.2000	0.2000	0.2000
	乙醇（酒精）　工业用　99.5%	kg	0.1000	0.2000		
	脱脂棉	卷	0.1000	0.2000		
	其他材料费	元	0.0100	0.0400	0.0200	0.0200
机械	电力工程车	台班	0.5000	0.5000	0.2000	0.3000
	数字存储示波器	台班	0.1000	0.2000		

续表

定额编号			XT3－14	XT3－15	XT3－16	XT3－17
项目			微波设备单元板卡检测	微波设备单元板卡更换、调试	充气机检修	充气机更换
机械	数据分析仪（数据测试仪）	台班	0.1000	0.2000		
	数字频率计（微波）	台班	0.1000	0.2000		
	微波功率计	台班	0.1000	0.2000		
	微波综合测试仪	台班	0.1000	0.2000		
	微波信号发生器	台班	0.1000	0.2000		
	功能检测分析平台（电脑）	台班	0.1000	0.2000		
	手动工具（压接、张紧、热缩等）	台班		0.3000	1.0000	1.0000

3.4 天、馈线检修

工作内容： 对微波天线、馈线、航空警告灯等部件进行检测，设备更换，方位纠偏，角度调整，馈线信道测试，航空警告灯亮度校验等工作。

定额编号			XT3－18	XT3－19	XT3－20
项目			天线检测		
			30m 以下	60m 以下	100m 以下
单位			面	面	面
基价（元）			**570.45**	**832.05**	**1060.05**
其中	人工费（元）		228.00	456.00	684.00
	材料费（元）		6.45	6.45	6.45
	机械费（元）		336.00	369.60	369.60
名称		单位	数量		
人工	安装技术工	工日	4.0000	8.0000	12.0000
计价材料	棉纱头	kg	0.2000	0.2000	0.2000
	细纱白手套	副	2.0000	2.0000	2.0000
	其他材料费	元	0.0600	0.0600	0.0600
机械	电力工程车	台班	0.5000	0.5000	0.5000
	天馈线测试仪	台班	1.0000	1.2000	1.2000

定额编号			XT3－21	XT3－22	XT3－23	XT3－24	XT3－25	XT3－26
项目			天线更换					
			直径2m以下抛物面天线			直径2m以上抛物面天线		
			30m以下	60m以下	100m以下	30m以下	60m以下	100m以下
单位			面	面	面	面	面	面
基价（元）			**5829.41**	**6828.04**	**8489.32**	**7702.82**	**8850.09**	**11029.40**
其中	人工费（元）		4896.00	5882.00	7495.00	6794.00	7894.00	10020.00
	材料费（元）		159.48	159.48	159.48	164.51	169.53	174.56
	机械费（元）		773.93	786.56	834.84	744.31	786.56	834.84
名称		单位	数量					
人工	普通工	工日	6.0000	8.0000	10.0000	8.0000	10.0000	12.0000
	安装技术工	工日	82.0000	98.0000	125.0000	114.0000	132.0000	168.0000
计价材料	镀锌铁丝　综合	kg	5.0000	5.0000	5.0000	5.0000	5.0000	5.0000
	密封胶	kg	2.0000	2.0000	2.0000	2.0000	2.0000	2.0000
	普通调和漆	kg	5.0000	5.0000	5.0000	5.0000	5.0000	5.0000
	无絮棉布	kg	1.0000	1.0000	1.0000	1.0000	1.0000	1.0000
	细纱白手套	副	6.0000	6.0000	6.0000	8.0000	10.0000	12.0000
	其他材料费	元	3.5800	3.5800	3.5800	3.6700	3.7700	3.8700
机械	电动卷扬机（单筒慢速）30kN	台班	1.5000	1.8500	2.2500	1.5000	1.8500	2.2500
	交流电焊机　21kVA	台班	1.5000	1.0000	1.0000	1.0000	1.0000	1.0000
	电力工程车	台班	1.0000	1.0000	1.0000	1.0000	1.0000	1.0000
	天馈线测试仪	台班	1.0000	1.0000	1.0000	1.0000	1.0000	1.0000

<table>
<tr><td colspan="3">定额编号</td><td>XT3－27</td><td>XT3－28</td><td>XT3－29</td></tr>
<tr><td colspan="3" rowspan="3">项目</td><td colspan="3">天线更换</td></tr>
<tr><td colspan="3">其他类型天线</td></tr>
<tr><td>30m 以下</td><td>60m 以下</td><td>100m 以下</td></tr>
<tr><td colspan="3">单位</td><td>面</td><td>面</td><td>面</td></tr>
<tr><td colspan="3">基价（元）</td><td>2677.41</td><td>2987.17</td><td>3644.97</td></tr>
<tr><td rowspan="3">其中</td><td colspan="2">人工费（元）</td><td>1744.00</td><td>2009.00</td><td>2616.00</td></tr>
<tr><td colspan="2">材料费（元）</td><td>159.48</td><td>161.99</td><td>164.51</td></tr>
<tr><td colspan="2">机械费（元）</td><td>773.93</td><td>816.18</td><td>864.46</td></tr>
<tr><td colspan="2">名称</td><td>单位</td><td colspan="3">数量</td></tr>
<tr><td rowspan="2">人工</td><td>普通工</td><td>工日</td><td>4.0000</td><td>5.0000</td><td>6.0000</td></tr>
<tr><td>安装技术工</td><td>工日</td><td>28.0000</td><td>32.0000</td><td>42.0000</td></tr>
<tr><td rowspan="6">计价材料</td><td>镀锌铁丝　综合</td><td>kg</td><td>5.0000</td><td>5.0000</td><td>5.0000</td></tr>
<tr><td>密封胶</td><td>kg</td><td>2.0000</td><td>2.0000</td><td>2.0000</td></tr>
<tr><td>普通调和漆</td><td>kg</td><td>5.0000</td><td>5.0000</td><td>5.0000</td></tr>
<tr><td>无絮棉布</td><td>kg</td><td>1.0000</td><td>1.0000</td><td>1.0000</td></tr>
<tr><td>细纱白手套</td><td>副</td><td>6.0000</td><td>7.0000</td><td>8.0000</td></tr>
<tr><td>其他材料费</td><td>元</td><td>3.5800</td><td>3.6200</td><td>3.6700</td></tr>
<tr><td rowspan="4">机械</td><td>电动卷扬机（单筒慢速）30kN</td><td>台班</td><td>1.5000</td><td>1.8500</td><td>2.2500</td></tr>
<tr><td>交流电焊机　21kVA</td><td>台班</td><td>1.5000</td><td>1.5000</td><td>1.5000</td></tr>
<tr><td>电力工程车</td><td>台班</td><td>1.0000</td><td>1.0000</td><td>1.0000</td></tr>
<tr><td>天馈线测试仪</td><td>台班</td><td>1.0000</td><td>1.0000</td><td>1.0000</td></tr>
</table>

定额编号			XT3－30	XT3－31	XT3－32	XT3－33
项目			馈线检测		馈线更换	
			60m 以下	60m 以上	60m 以下	60m 以上
单位			条	条	条	条
基价（元）			**342.80**	**516.20**	**2016.79**	**2657.09**
其中	人工费（元）		114.00	228.00	1157.00	1744.00
	材料费（元）		44.00	69.80	73.23	78.25
	机械费（元）		184.80	218.40	786.56	834.84
名称		单位	数量			
人工	普通工	工日			2.0000	4.0000
	安装技术工	工日	2.0000	4.0000	19.0000	28.0000
计价材料	电缆卡子 $120mm^2$	个	6.0000	10.0000		
	自粘性橡胶带 25mm×20m	卷			2.0000	2.0000
	密封胶	kg			2.0000	2.0000
	无絮棉布	kg			1.0000	1.0000
	细纱白手套	副	2.0000	2.0000	4.0000	6.0000
	其他材料费	元	1.9800	3.0500	1.4400	1.5300
机械	电动卷扬机（单筒慢速）30kN	台班			1.8500	2.2500
	交流电焊机 21kVA	台班			1.0000	1.0000
	电力工程车	台班	0.3000	0.3000	1.0000	1.0000
	天馈线测试仪	台班	0.5000	0.7000	1.0000	1.0000

定额编号			XT3－34	XT3－35	XT3－36	XT3－37
项目			航空警告灯检测（60m 以下）	航空警告灯检测（60m 以上）	航空警告灯更换（60m 以下）	航空警告灯更换（60m 以上）
单位			只	只	只	只
基价（元）			**292.52**	**321.02**	**510.38**	**591.52**
其中	人工费（元）		114.00	142.50	171.00	228.00
	材料费（元）		10.52	10.52	27.42	27.42
	机械费（元）		168.00	168.00	311.96	336.10
名称		单位	数量			
人工	安装技术工	工日	2.0000	2.5000	3.0000	4.0000
计价材料	镀锌铁丝　综合	kg	1.0000	1.0000	4.0000	4.0000
	细纱白手套	副	2.0000	2.0000	2.0000	2.0000
	其他材料费	元	0.1000	0.1000	0.5400	0.5400
机械	电动卷扬机（单筒慢速）30kN	台班			0.8000	1.0000
	交流电焊机　21kVA	台班			0.8000	0.8000
	电力工程车	台班	0.5000	0.5000	0.5000	0.5000

3.5 微波铁塔检修

工作内容： 对微波铁塔螺栓紧固，铁塔纠偏，除锈、防腐等工作。

定额编号			XT3－38	XT3－39
项目			微波塔螺栓紧固	微波塔防腐
单位			m	m
基价（元）			**169.58**	**478.65**
其中	人工费（元）		145.35	456.00
	材料费（元）		4.47	5.85
	机械费（元）		19.76	16.80
名称		单位	数量	
人工	安装技术工	工日	2.5500	8.0000
计价材料	镀锌铁丝　综合	kg	0.5000	0.5000
	油漆溶剂	kg		0.1000
	油漆刷	把		0.2000
	麻绳	kg	0.1000	0.1000
	细纱白手套	副	0.2000	0.2000
	其他材料费	元	0.0400	0.0600
机械	交流电焊机　21kVA	台班	0.0500	
	电力工程车	台班	0.0500	0.0500

第4章 电力线载波设备

说　明

一、内容范围

本章包括载波设备检修、结合加工设备检修。

二、未包括的内容

铁构件检修。

三、定额套用及调整

高频电缆检测套用高频电缆更换定额乘 0.5 系数，阻波器、结合滤波器、接地刀闸更换套用《电网检修工程预算定额（2015 年版）第一册　电气工程》相应子目。

4.1 载波设备检修

工作内容：对载波设备进行整体检测，对部分板卡和部件进行检测、更换、调试等工作。

定额编号			XT4－1	XT4－2	XT4－3	XT4－4
项目			载波设备整机检测	系统调优	载波设备单元板卡检测	载波设备单元板卡更换、调试
单位			套	套	块	块
基价（元）			**3056.21**	**3427.91**	**315.34**	**496.16**
其中	人工费（元）		370.50	330.60	45.60	142.50
	材料费（元）		6.11	6.11	1.22	2.82
	机械费（元）		2679.60	3091.20	268.52	350.84
名称		单位	数量			
人工	安装技术工	工日	6.5000	5.8000	0.8000	2.5000
计价材料	镀锌六角螺栓　综合	kg				0.2000
	乙醇（酒精）　工业用　99.5%	kg	0.5000	0.5000	0.1000	0.1000
	脱脂棉	卷	0.5000	0.5000	0.1000	0.1000
	其他材料费	元	0.0600	0.0600	0.0100	0.0300

续表

定额编号			XT4－1	XT4－2	XT4－3	XT4－4
项目			载波设备整机检测	系统调优	载波设备单元板卡检测	载波设备单元板卡更换、调试
机械	电力工程车	台班	1.0000	1.0000	0.3000	0.3000
	频率响应分析仪	台班	0.5000	0.6000	0.0300	0.0500
	选频电平表	台班	1.0000	1.0000	0.1000	0.1000
	选频振荡器	台班	1.0000	1.0000	0.1000	0.1000
	功能检测分析平台（电脑）	台班	1.0000	1.0000	0.5000	0.5000

4.2 结合加工设备检修

工作内容：对阻波器、结合滤波器、接地开关检测、调试，对高频电缆等部件进行检测、更换及调试等工作。

定额编号			XT4－5	XT4－6	XT4－7	XT4－8	XT4－9
项目			阻波器检测、调试	结合滤波器检测、调试	接地开关检测、调试	高频电缆更换（100m以下）	高频电缆更换（100m以上）
单位			个	个	个	条	条
基价（元）			**582.90**	**486.70**	**270.80**	**779.58**	**1028.60**
其中	人工费（元）		228.00	171.00	114.00	416.00	548.50
	材料费（元）		2.44	2.44		85.15	100.87
	机械费（元）		352.46	313.26	156.80	278.43	379.23
名称		单位	数量				
人工	普通工	工日				2.0000	2.5000
	安装技术工	工日	4.0000	3.0000	2.0000	6.0000	8.0000
计价材料	镀锌六角螺栓　综合	kg				0.5000	0.5000
	自粘性橡胶带 25mm×20m	卷				2.0000	2.0000
	乙醇（酒精）　工业用　99.5%	kg	0.2000	0.2000		0.5000	0.5000
	密封胶	kg				2.0000	2.0000
	无絮棉布	kg				1.0000	2.0000

续表

定　额　编　号			XT4－5	XT4－6	XT4－7	XT4－8	XT4－9
项　　目			阻波器检测、调试	结合滤波器检测、调试	接地开关检测、调试	高频电缆更换（100m以下）	高频电缆更换（100m以上）
计价材料	细纱白手套	副				6.0000	8.0000
	脱脂棉	卷	0.2000	0.2000			
	其他材料费	元	0.0200	0.0200		1.6700	2.9400
机械	电力工程车	台班	0.5000	0.5000	0.3000	0.5000	0.8000
	高频电缆测试仪	台班				1.0000	1.0000
	阻波器、结合滤波器自动测试仪	台班	1.0000	1.0000			
	功能检测分析平台（电脑）	台班	1.0000				
	手动工具（压接、张紧、热缩等）	台班			5.0000	1.0000	1.0000

第5章　支撑网设备

说　明

一、内容范围

本章包括频率同步设备检修、时间同步设备检修、同步网其他设备检修、通信设备集中监控系统检修、通信资源管理系统检修。

二、未包括的内容

1．避雷装置检修。

2．线缆检修、更换。

三、定额套用及调整

各种通信集中监控设备的检测，板卡的检测、更换、调试，硬件检测，软件备份，软硬件升级均适用本章节。

5.1 频率同步设备检修

工作内容： 对频率同步设备进行整体检测，对部分板卡和部件进行检修、更换、调试，进行系统调优、网管数据维护等工作。

定额编号			XT5－1	XT5－2	XT5－3	XT5－4	XT5－5	XT5－6
项目			频率同步设备整机检测		系统调优	网管数据维护	频率同步设备单元板卡检测	频率同步设备单元板卡更换、调试
			中心站	子站				
单位			套	套	套	套	块	块
基价（元）			**1365.59**	**1072.51**	**1437.39**	**831.20**	**206.12**	**326.24**
其中	人工费（元）		399.00	228.00	342.00	456.00	45.60	136.80
	材料费（元）		20.19	20.19	20.19		6.52	9.68
	机械费（元）		946.40	824.32	1075.20	375.20	154.00	179.76
名称		单位	数量					
人工	安装技术工	工日	7.0000	4.0000	6.0000	8.0000	0.8000	2.4000
计价材料	镀锌六角螺栓　综合	kg						0.2000
	标签色带　(12～36)mm×8m	卷	0.5000	0.5000	0.5000		0.2000	0.2000
	自粘性橡胶带　25mm×20m	卷	0.5000	0.5000	0.5000			0.2000
	乙醇（酒精）　工业用　99.5%	kg	0.5000	0.5000	0.5000		0.2000	0.2000
	脱脂棉	卷	0.5000	0.5000	0.5000		0.2000	0.2000
	其他材料费	元	0.2000	0.2000	0.2000		0.0600	0.1000

续表

定额编号			XT5－1	XT5－2	XT5－3	XT5－4	XT5－5	XT5－6
项目			频率同步设备整机检测		系统调优	网管数据维护	频率同步设备单元板卡检测	频率同步设备单元板卡更换、调试
			中心站	子站				
机械	电力工程车	台班	1.0000	1.0000	1.0000	1.0000	0.2000	0.2000
	数字存储示波器	台班	1.0000	0.8000	1.0000		0.1000	0.1000
	GPS时钟测试仪	台班	1.0000	0.8000	2.0000		0.3000	0.5000
	功能检测分析平台（电脑）	台班	1.0000	0.8000	2.0000	1.0000	0.3000	0.5000
	传输测试仪	台班	1.0000	0.8000	1.0000		0.1000	0.1000

5.2 时间同步设备检修

工作内容：对时间同步设备进行整体检测，对部分板卡和部件进行检修、更换、调试，进行系统调优等工作。

定额编号			XT5－7	XT5－8	XT5－9	XT5－10	XT5－11	XT5－12
项目			时间同步设备整机检测		系统调优	网管数据维护	时间同步设备单元板卡检测	时间同步设备单元板卡更换、调试
			中心站	子站				
单位			套	套	套	套	块	块
基价（元）			**1194.59**	**948.31**	**1380.39**	**688.70**	**190.34**	**276.86**
其中	人工费（元）		228.00	171.00	285.00	313.50	39.90	131.10
	材料费（元）		20.19	20.19	20.19		6.52	9.68
	机械费（元）		946.40	757.12	1075.20	375.20	143.92	136.08
名称		单位	数量					
人工	安装技术工	工日	4.0000	3.0000	5.0000	5.5000	0.7000	2.3000
计价材料	镀锌六角螺栓　综合	kg						0.2000
	标签色带　(12～36)mm×8m	卷	0.5000	0.5000	0.5000		0.2000	0.2000
	自粘性橡胶带　25mm×20m	卷	0.5000	0.5000	0.5000			0.2000
	乙醇（酒精）　工业用　99.5%	kg	0.5000	0.5000	0.5000		0.2000	0.2000
	脱脂棉	卷	0.5000	0.5000	0.5000		0.2000	0.2000
	其他材料费	元	0.2000	0.2000	0.2000		0.0600	0.1000

续表

<table>
<tr><td colspan="3">定　额　编　号</td><td>XT5－7</td><td>XT5－8</td><td>XT5－9</td><td>XT5－10</td><td>XT5－11</td><td>XT5－12</td></tr>
<tr><td colspan="3" rowspan="2">项　　目</td><td colspan="2">时间同步设备整机检测</td><td rowspan="2">系统调优</td><td rowspan="2">网管数据维护</td><td rowspan="2">时间同步设备单元板卡检测</td><td rowspan="2">时间同步设备单元板卡更换、调试</td></tr>
<tr><td>中心站</td><td>子站</td></tr>
<tr><td rowspan="5">机械</td><td>电力工程车</td><td>台班</td><td>1.0000</td><td>0.8000</td><td>1.0000</td><td>1.0000</td><td>0.2000</td><td>0.2000</td></tr>
<tr><td>数字存储示波器</td><td>台班</td><td>1.0000</td><td>0.8000</td><td>1.0000</td><td></td><td>0.1000</td><td>0.1000</td></tr>
<tr><td>GPS 时钟测试仪</td><td>台班</td><td>1.0000</td><td>0.8000</td><td>2.0000</td><td></td><td>0.1000</td><td>0.1000</td></tr>
<tr><td>功能检测分析平台（电脑）</td><td>台班</td><td>1.0000</td><td>0.8000</td><td>2.0000</td><td>1.0000</td><td>0.5000</td><td>0.3000</td></tr>
<tr><td>传输测试仪</td><td>台班</td><td>1.0000</td><td>0.8000</td><td>1.0000</td><td></td><td>0.1000</td><td>0.1000</td></tr>
</table>

5.3 同步网其他设备检修

工作内容： 对原子钟、卫星接收机进行整机检测，对部分板卡和部件进行检修、更换、调试以及卫星天馈线的更换、测试。

定额编号			XT5－13	XT5－14	XT5－15	XT5－16	XT5－17
项目			原子钟检测	原子钟更换、调试	卫星接收机整机检测	卫星接收机板卡更换、调试	卫星接收机天馈线更换、调试
单位			套	套	套	套	套
基价（元）			**961.71**	**447.11**	**664.33**	**316.81**	**383.58**
其中	人工费（元）		285.00	228.00	228.00	142.50	148.71
	材料费（元）		7.51	9.11	33.13	9.11	71.82
	机械费（元）		669.20	210.00	403.20	165.20	163.05
名称		单位	数量				
人工	普通工	工日					1.2000
	安装技术工	工日	5.0000	4.0000	4.0000	2.5000	1.8300
计价材料	镀锌六角螺栓　综合	kg		0.2000		0.2000	
	镀锌铁丝　综合	kg					2.0000
	电缆卡子　$120mm^2$	个			2.0000		8.0000
	标签色带　(12～36)mm×8m	卷	0.2000	0.2000	0.5000	0.2000	
	自粘性橡胶带　25mm×20m	卷	0.2000	0.2000	0.5000	0.2000	
	乙醇（酒精）　工业用　99.5%	kg	0.1000	0.1000	0.5000	0.1000	

续表

定额编号			XT5－13	XT5－14	XT5－15	XT5－16	XT5－17
项目			原子钟检测	原子钟更换、调试	卫星接收机整机检测	卫星接收机板卡更换、调试	卫星接收机天馈线更换、调试
计价材料	密封胶	kg					0.2000
	细纱白手套	副					2.0000
	脱脂棉	卷	0.2000	0.2000	0.5000	0.2000	
	其他材料费	元	0.0700	0.0900	0.7800	0.0900	2.7600
机械	交流电焊机　21kVA	台班					0.2000
	电力工程车	台班	0.5000	0.2000	0.5000	0.2000	0.2000
	数字存储示波器	台班	1.0000	0.2000	0.5000	0.2000	
	天馈线测试仪	台班					0.5000
	GPS 时钟测试仪	台班	1.0000	0.5000			
	功能检测分析平台（电脑）	台班	0.5000	0.5000	1.0000	0.5000	

5.4 通信设备集中监控系统检修

工作内容： 对通信设备集中监控进行整机检测，核对运行数据，对各项功能进行试验，对各项指标进行测试、统计、比较，对部分板卡和部件进行检修、更换测试，进行系统调优、软件备份、软硬件升级等工作。

定额编号			XT5－18	XT5－19	XT5－20
项目			集中监控设备整机检测	集中监控设备单元板卡检测	集中监控设备单元板卡更换、调试
单位			套	块	块
基价（元）			**4077.69**	**291.32**	**316.32**
其中	人工费（元）		1995.00	114.00	171.00
	材料费（元）		16.29	6.52	8.12
	机械费（元）		2066.40	170.80	137.20
名称		单位	数量		
人工	安装技术工	工日	35.0000	2.0000	3.0000
计价材料	镀锌六角螺栓　综合	kg			0.2000
	标签色带　(12～36)mm×8m	卷	0.5000	0.2000	0.2000
	乙醇（酒精）　工业用　99.5%	kg	0.5000	0.2000	0.2000
	脱脂棉	卷	0.5000	0.2000	0.2000
	其他材料费	元	0.1600	0.0600	0.0800

续表

定　额　编　号			XT5－18	XT5－19	XT5－20
项　　目			集中监控设备整机检测	集中监控设备单元板卡检测	集中监控设备单元板卡更换、调试
机械	电力工程车	台班	3.0000	0.3000	0.2000
	网络测试仪	台班	2.0000	0.2000	0.2000
	数据分析仪（数据测试仪）	台班	4.0000	0.2000	0.2000
	网络通断测试仪	台班	1.0000		
	功能检测分析平台（电脑）	台班	5.0000	0.5000	0.5000

定额编号			XT5-21	XT5-22	XT5-23	XT5-24
项目			系统调优	网管检测	软件备份	软硬件升级
单位			套	套	套	套
基价（元）			**2753.05**	**1504.69**	**450.50**	**1692.00**
其中	人工费（元）		855.00	570.00	142.50	684.00
	材料费（元）		16.45	16.29		22.40
	机械费（元）		1881.60	918.40	308.00	985.60
名称		单位	数量			
人工	安装技术工	工日	15.0000	10.0000	2.5000	12.0000
计价材料	标签色带 （12~36）mm×8m	卷	0.5000	0.5000		0.8000
	乙醇（酒精） 工业用 99.5%	kg	0.5000	0.5000		0.5000
	脱脂棉	卷	0.5000	0.5000		0.5000
	其他材料费	元	0.3200	0.1600		0.2200
机械	电力工程车	台班	2.0000	0.8000		1.0000
	磁盘管理测试系统	台班	1.0000	1.0000	1.0000	1.0000
	网络测试仪	台班	2.0000	1.0000		1.0000
	数据分析仪（数据测试仪）	台班	4.0000	1.0000		1.0000
	网络通断测试仪	台班	1.0000	1.0000		1.0000
	功能检测分析平台（电脑）	台班	2.0000	1.0000	1.0000	1.0000

5.5 通信资源管理系统检修

工作内容：对通信资源管理系统进行整机检测，核对运行数据，对各项功能进行试验，对各项指标进行测试、统计、比较，对部分板卡和部件进行检修、更换测试，进行系统调优、软件备份、软硬件升级等工作。

定额编号			XT5－25	XT5－26
项目			通信资源管理设备整机检测	系统调优
单位			套	套
基价（元）			**5151.69**	**2929.49**
其中	人工费（元）		2565.00	1026.00
	材料费（元）		16.29	16.29
	机械费（元）		2570.40	1887.20
名称		单位	数量	
人工	安装技术工	工日	45.0000	18.0000
计价材料	标签色带 （12～36）mm×8m	卷	0.5000	0.5000
	乙醇（酒精） 工业用 99.5%	kg	0.5000	0.5000
	脱脂棉	卷	0.5000	0.5000
	其他材料费	元	0.1600	0.1600
机械	电力工程车	台班	3.0000	2.0000
	磁盘管理测试系统	台班	1.0000	
	网络测试仪	台班	4.0000	4.0000

续表

定额编号			XT5－25	XT5－26
项目			通信资源管理设备整机检测	系统调优
机械	数据分析仪（数据测试仪）	台班	4.0000	4.0000
	网络通断测试仪	台班	1.0000	1.0000
	功能检测分析平台（电脑）	台班	5.0000	3.0000

定额编号			XT5－27	XT5－28	XT5－29	XT5－30	XT5－31
项目			通信资源管理设备单元板卡检测	通信资源管理设备单元板卡更换、调试	网管检测	软件备份	软、硬件升级
单位			块	块	套	套	套
基价（元）			**288.02**	**293.35**	**2268.29**	**450.50**	**2034.00**
其中	人工费（元）		85.50	114.00	1482.00	142.50	1026.00
	材料费（元）		6.52	8.55	16.29		22.40
	机械费（元）		196.00	170.80	770.00	308.00	985.60
名称		单位	数量				
人工	安装技术工	工日	1.5000	2.0000	26.0000	2.5000	18.0000
计价材料	标签色带 (12～36)mm×8m	卷	0.2000	0.3000	0.5000		0.8000
	乙醇（酒精） 工业用 99.5%	kg	0.2000	0.2000	0.5000		0.5000
	脱脂棉	卷	0.2000	0.2000	0.5000		0.5000
	其他材料费	元	0.0600	0.0800	0.1600		0.2200
机械	电力工程车	台班	0.3000	0.3000	1.0000		1.0000
	磁盘管理测试系统	台班			1.0000	1.0000	1.0000
	网络测试仪	台班	0.3000	0.2000	0.5000		1.0000
	数据分析仪（数据测试仪）	台班	0.3000	0.2000	0.5000		1.0000
	网络通断测试仪	台班					1.0000
	功能检测分析平台（电脑）	台班	0.5000	0.5000	1.0000	1.0000	1.0000

第6章 辅助设备及其他设备

说　明

一、内容范围

本章包括音频配线设备检修、光纤配线设备检修、数字配线设备检修、通用设备检修、设备线缆检修、防雷接地检修、标识标签检修。

二、未包括的内容

1. 设备底座的检修。
2. 电缆槽道支吊架的检修。

三、定额套用及调整

1. 需更换的跳纤、尾纤、光适配器按实际数量另计材料费。
2. 需更换的数配头按实际数量另计材料费。
3. 需更换的电话机、线缆材料按实际数量另计材料费。
4. 需更换的标识标签材料按实际数量另计材料费。

6.1 音频配线设备检修

工作内容：音频配线架、保安单元的检测及更换。

定额编号			XT6－1	XT6－2	XT6－3	XT6－4	XT6－5
项目			音频配线架检修		音频配线架	保安单元更换	
			500 回线以下	1000 回线以下	每增加 128 回	100 个以下	每增加 100 个
单位			架	架	块	个	个
基价（元）			**466.28**	**793.67**	**58.20**	**332.44**	**268.14**
其中	人工费（元）		228.00	342.00	39.90	171.00	114.00
	材料费（元）		70.28	283.67	11.58	60.64	53.34
	机械费（元）		168.00	168.00	6.72	100.80	100.80
名称		单位	数量				
人工	安装技术工	工日	4.0000	6.0000	0.7000	3.0000	2.0000
计价材料	镀锌角钢　综合	kg	3.0000	3.0000	0.2000		
	焊锡	kg	0.1000	0.1000	0.0200	1.2000	1.0000
	松香焊锡丝	kg	0.1000	0.1000	0.0200		
	软铜绞线　35mm^2	m	1.0000	1.0000	0.2000		
	灯头信号灯卡口	只		2.0000			
	标签色带　（12～36）mm×8m	卷	0.5000	1.0000	0.1000	0.2000	0.2000
	自粘性橡胶带　25mm×20m	卷				0.2000	0.4000
	热塑管	m	0.2000	0.5000	0.1000		

续表

定额编号			XT6－1	XT6－2	XT6－3	XT6－4	XT6－5
项目			音频配线架检修		音频配线架	保安单元更换	
			500 回线以下	1000 回线以下	每增加 128 回	100 个以下	每增加 100 个
计价材料	尼龙卡扣（100 支）	袋	0.2000	0.5000	0.0200		
	乙醇（酒精） 工业用 99.5%	kg	0.3000	0.5000	0.0200	0.1000	0.1000
	其他材料费	元	1.4400	6.8100	0.2000	1.8200	1.7500
机械	电力工程车	台班	0.5000	0.5000	0.0200	0.3000	0.3000

6.2 光纤配线设备检修

工作内容：跳纤、尾纤、光适配器、光分配架的整理、检测及更换。

定额编号			XT6－6	XT6－7	XT6－8	XT6－9
项目			跳纤更换	尾纤更换	光纤适配器更换	光纤配线子架更换
单位			条	条	个	个
基价（元）			**21.29**	**26.99**	**39.41**	**143.52**
其中	人工费（元）		5.70	11.40	17.10	45.60
	材料费（元）		2.15	2.15	2.15	24.00
	机械费（元）		13.44	13.44	20.16	73.92
名称		单位	数量			
人工	安装技术工	工日	0.1000	0.2000	0.3000	0.8000
计价材料	软铜绞线 $16mm^2$	m				1.5000
	铜接线端子 $16mm^2$	个				2.0000
	标签色带 （12～36）mm×8m	卷	0.1000	0.1000	0.1000	0.1000
	乙醇（酒精） 工业用 99.5%	kg	0.0200	0.0200	0.0200	0.2000
	其他材料费	元	0.0200	0.0200	0.0200	1.2200
机械	电力工程车	台班				0.1000
	光万用表（光源、光功率计、光纤在线测试）	台班	0.1000	0.1000	0.1500	0.3000

6.3 数字配线设备检修

工作内容：数字分配架、数配头检测及更换。

定额编号			XT6－10
项目			数字配线架子架更换
单位			架
基价（元）			**126.99**
其中	人工费（元）		68.40
	材料费（元）		24.99
	机械费（元）		33.60
名称		单位	数量
人工	安装技术工	工日	1.2000
计价材料	软铜绞线 16mm^2	m	1.5000
	铜接线端子 16mm^2	个	2.0000
	标签色带 (12～36)mm×8m	卷	0.1000
	热塑管	m	0.1000
	脱脂棉	卷	0.2000
	其他材料费	元	1.2000
机械	电力工程车	台班	0.1000

6.4 通用设备检修

工作内容： 1. 机框接地检查包括通信机架接地性能检测，检测接地是否满足专业要求以及重新增加接地点，完善接地性能。2. 设备内部连线检测包括通信设备机架中光纤、线缆的整理、绑扎、更换等工作。3. 电话机、计算机、投影仪检测、更换。

定额编号			XT6－11	XT6－12	XT6－13	XT6－14	XT6－15
项目			机框接地检测	设备内部连线检测	电话机检测、更换	计算机检测、更换	投影仪检测、更换
单位			架	架	只	只	只
基价（元）			**171.56**	**58.09**	**31.46**	**97.12**	**89.68**
其中	人工费（元）		11.40	17.10	11.40	57.00	68.40
	材料费（元）		30.90	7.39	3.26	6.52	4.48
	机械费（元）		129.26	33.60	16.80	33.60	16.80
名称		单位	数量				
人工	安装技术工	工日	0.2000	0.3000	0.2000	1.0000	1.2000
计价材料	松香焊锡丝	kg	0.2000				
	镀锌六角螺栓　综合	kg	0.2000	0.2000			
	软铜绞线　$16mm^2$	m	2.0000				
	铜接线端子　$16mm^2$	个	1.0000				
	标签色带　(12～36)mm×8m	卷		0.0400	0.1000	0.2000	0.1000

续表

定额编号			XT6－11	XT6－12	XT6－13	XT6－14	XT6－15
项目			机框接地检测	设备内部连线检测	电话机检测、更换	计算机检测、更换	投影仪检测、更换
计价材料	热塑管	m	0.2000				
	乙醇（酒精） 工业用 99.5%	kg	0.2000	0.3000	0.1000	0.2000	0.2000
	脱脂棉	卷	0.2000	0.5000	0.1000	0.2000	0.2000
	其他材料费	元	0.3100	0.0700	0.0300	0.0600	0.0400
机械	电力工程车	台班	0.1000	0.1000	0.0500	0.1000	0.0500
	电阻率测量仪（防雷接地测量用）	台班	0.3000				
	铭牌印字机	台班	0.2000				

6.5 设备线缆检修

工作内容：各种线缆的检测、更换及绑扎。

定额编号			XT6－16	XT6－17	XT6－18	XT6－19
项目			电视、电话、以太网线检测、更换	射频同轴电缆检测、更换	射频同轴电缆头制作	设备电源线检测、更换
单位			100m	100m	只	100m
基价（元）			**131.84**	**164.77**	**14.87**	**211.60**
其中	人工费（元）		85.50	114.00	14.25	171.00
	材料费（元）		29.54	33.97	0.62	7.00
	机械费（元）		16.80	16.80		33.60
名称		单位	数量			
人工	安装技术工	工日	1.5000	2.0000	0.2500	3.0000
计价材料	松香焊锡丝	kg			0.0200	
	钢卡钉2号	盒	0.5000			
	标签色带 (12～36)mm×8m	卷	0.2000	0.2000		
	网线连线水晶头	个	10.0000			
	热塑管	m		3.0000	0.0100	0.5000
	尼龙卡扣（100支）	袋	0.5000	0.1000		
	乙醇（酒精） 工业用 99.5%	kg	0.1000	0.1000	0.0100	0.1000
	无絮棉布	kg	0.1000	0.1000	0.0010	0.1000

续表

定额编号			XT6－16	XT6－17	XT6－18	XT6－19
项目			电视、电话、以太网线检测、更换	射频同轴电缆检测、更换	射频同轴电缆头制作	设备电源线检测、更换
计价材料	脱脂棉	卷	0.2000	0.2000		0.2000
	其他材料费	元	0.2900	0.3400	0.0100	0.0700
机械	电力工程车	台班	0.0500	0.0500		0.1000

6.6 防雷接地检修

工作内容：防雷检查包括进线交、直流防雷模块的测试、更换工作。

定额编号			XT6－20	XT6－21	XT6－22	XT6－23	XT6－24	XT6－25	XT6－26
项目			接地电阻测试	防雷模块检测	防雷模块更换	浪涌电源检测	浪涌电源更换	降阻剂添加	接地件
单位			站	只	只	只	只	kg	m
基价（元）			**1268.66**	**78.17**	**89.51**	**89.57**	**118.01**	**15.26**	**169.33**
其中	人工费（元）		370.50	17.10	28.50	28.50	57.00	11.40	68.40
	材料费（元）		151.08	0.06		0.06		0.50	55.48
	机械费（元）		747.08	61.01	61.01	61.01	61.01	3.36	45.45
名称		单位	数量						
人工	安装技术工	工日	6.5000	0.3000	0.5000	0.5000	1.0000	0.2000	1.2000
计价材料	镀锌扁钢　综合	kg							5.0000
	软铜绞线　$35mm^2$	m	5.0000						
	乙醇（酒精）　工业用　99.5%	kg		0.0100		0.0100			
	油漆刷	把							1.0000
	无絮棉布	kg	0.2000						2.0000
	细纱白手套	副	2.0000					0.2000	1.0000
	其他材料费	元	5.3700						0.6000

续表

定额编号			XT6－20	XT6－21	XT6－22	XT6－23	XT6－24	XT6－25	XT6－26
项目			接地电阻测试	防雷模块检测	防雷模块更换	浪涌电源检测	浪涌电源更换	降阻剂添加	接地件
机械	交流电焊机　21kVA	台班							0.2000
	电力工程车	台班	1.0000	0.1000	0.1000	0.1000	0.1000	0.0100	0.1000
	电阻率测量仪（防雷接地测量用）	台班	1.5000	0.1000	0.1000	0.1000	0.1000		

6.7 标识标签检修

工作内容：对机柜、设备、线缆标签、标牌、标识进行更换。

定额编号			XT6－27	XT6－28
项目			机柜标牌更换	线缆标识标签更换
单位			个	个
基价（元）			**16.10**	**14.39**
其中	人工费（元）		8.55	6.84
	材料费（元）		0.27	0.27
	机械费（元）		7.28	7.28
名称		单位	数量	
人工	安装技术工	工日	0.1500	0.1200
计价材料	尼龙扎带 $L=120$mm	根	1.0000	1.0000
	标签色带 （12～36）mm×8m	卷	0.0100	0.0100
机械	电力工程车	台班	0.0100	0.0100
	电缆标牌机	台班	0.0500	0.0500

第7章 程控交换设备

说　　明

一、内容范围

本章包括行政程控交换机检修、调度程控交换机检修、软交换设备检修。

二、未包括的内容

线缆检修、更换。

三、定额套用及调整

设备线缆检修套用辅助设备及其他设备章相关子目。

7.1 行政程控交换机检修

工作内容：检测程控交换机的设备性能、系统功能、中继路由及软件系统。

定额编号			XT7－1	XT7－2	XT7－3	XT7－4	XT7－5
项目			行政交换机整机检测	功能测试 三方会议等	中继测试	用户线测试	系统软件优化升级
单位			套	个	路	线	套
基价（元）			**5503.41**	**114.27**	**644.00**	**4.00**	**200.60**
其中	人工费（元）		1140.00	114.00	171.00	2.85	114.00
	材料费（元）		3.81	0.27	2.60	0.25	2.60
	机械费（元）		4359.60		470.40	0.90	84.00
名称		单位	数量				
人工	安装技术工	工日	20.0000	2.0000	3.0000	0.0500	2.0000
计价材料	复印纸（A4）	包	0.1000	0.0200	0.0100		0.0100
	记号笔	支	1.0000		1.0000	0.1000	1.0000
机械	数据分析仪（数据测试仪）	台班	1.0000				
	信令测试分析仪	台班	1.0000		1.5000		
	语音质量测试仪	台班	0.7000				
	用户、中继模拟呼叫测试仪	台班	0.7000				
	数字万用表（数字式）	台班	1.0000			0.0500	
	便携式维护终端	台班	1.0000				1.5000

定　额　编　号			XT7－6	XT7－7	XT7－8	XT7－9	XT7－10	XT7－11	XT7－12
项　　目			网管数据维护	电源单元检测	主控单元检测	用户及其他单元检测	计费系统检测	辅助设备 话务台等	程控交换机单元板卡检测、更换
单　　位			套	块	块	块	套	个	块
基　　价（元）			**231.15**	**189.02**	**171.10**	**206.94**	**198.00**	**110.31**	**306.99**
其中	人　工　费（元）		114.00	114.00	114.00	114.00	114.00	57.00	159.60
	材　料　费（元）		5.15	1.10	1.10	1.10		7.39	10.75
	机　械　费（元）		112.00	73.92	56.00	91.84	84.00	45.92	136.64
名　　称		单位	数　　量						
人工	安装技术工	工日	2.0000	2.0000	2.0000	2.0000	2.0000	1.0000	2.8000
计价材料	乙醇（酒精）　工业用　99.5%	kg		0.1000	0.1000	0.1000		0.2000	0.1000
	复印纸（A4）	包	0.2000						0.1000
	脱脂棉	卷		0.1000	0.1000	0.1000		1.0000	1.0000
	记号笔	支	1.0000						1.0000
机械	数字万用表（数字式）	台班		1.0000		2.0000		1.0000	2.0000
	便携式维护终端	台班	2.0000	1.0000	1.0000	1.0000	1.5000	0.5000	1.8000

7.2 调度程控交换机检修

工作内容：检测调度交换机及调度台的设备性能，检测中继路由，优化升级应用软件系统。

定额编号			XT7－13	XT7－14	XT7－15	XT7－16	XT7－17
项目			调度交换机整机检测	中继测试	调度台整机检测	软件优化升级	数据库备份
单位			套	路	台	套	套
基价（元）			**2074.86**	**859.01**	**178.96**	**201.81**	**228.60**
其中	人工费（元）		342.00	228.00	114.00	114.00	114.00
	材料费（元）		10.30	3.81		3.81	2.60
	机械费（元）		1722.56	627.20	64.96	84.00	112.00
名称		单位	数量				
人工	安装技术工	工日	6.0000	4.0000	2.0000	2.0000	2.0000
计价材料	复印纸（A4）	包	0.4000	0.1000		0.1000	0.0100
	记号笔	支	2.0000	1.0000		1.0000	1.0000
机械	信令测试分析仪	台班		2.0000			
	语音质量测试仪	台班	0.5000				
	数字万用表（数字式）	台班	3.0000		0.5000		
	便携式维护终端	台班	2.0000		1.0000	1.5000	2.0000

定额编号			XT7－18	XT7－19	XT7－20
项目			调度交换机单元板卡检测、更换	调度台单元电路板检测	录音系统检测
单位			块	块	套
基价（元）			**329.59**	**185.90**	**245.00**
其中	人工费（元）		171.00	114.00	142.50
	材料费（元）		10.75	6.94	9.54
	机械费（元）		147.84	64.96	92.96
名称		单位	数量		
人工	安装技术工	工日	3.0000	2.0000	2.5000
计价材料	乙醇（酒精） 工业用 99.5%	kg	0.1000	0.1000	0.1000
	复印纸（A4）	包	0.1000		0.0100
	脱脂棉	卷	1.0000	1.0000	1.0000
	记号笔	支	1.0000		1.0000
机械	数字万用表（数字式）	台班	2.0000	0.5000	0.5000
	便携式维护终端	台班	2.0000	1.0000	1.5000

7.3 软交换设备检修

工作内容：检测软交换设备的整体性能、系统功能、中继路由及应用软件系统。

<table>
<tr><td colspan="3">定 额 编 号</td><td>XT7－21</td><td>XT7－22</td><td>XT7－23</td><td>XT7－24</td><td>XT7－25</td></tr>
<tr><td colspan="3" rowspan="2">项 目</td><td rowspan="2">软交换网络设备整机检测</td><td>软基础业务平台检测</td><td>增值业务功能检测</td><td rowspan="2">系统软件优化升级</td><td rowspan="2">软交换数据库备份</td></tr>
<tr><td>统一通信平台</td><td>短信平台等</td></tr>
<tr><td colspan="3">单 位</td><td>套</td><td>个</td><td>个</td><td>套</td><td>套</td></tr>
<tr><td colspan="3">基 价（元）</td><td>6213.21</td><td>1294.21</td><td>1294.21</td><td>340.13</td><td>228.60</td></tr>
<tr><td rowspan="3">其中</td><td colspan="2">人 工 费（元）</td><td>456.00</td><td>114.00</td><td>114.00</td><td>228.00</td><td>114.00</td></tr>
<tr><td colspan="2">材 料 费（元）</td><td>11.65</td><td>0.13</td><td>0.13</td><td>0.13</td><td>2.60</td></tr>
<tr><td colspan="2">机 械 费（元）</td><td>5745.56</td><td>1180.08</td><td>1180.08</td><td>112.00</td><td>112.00</td></tr>
<tr><td colspan="2">名 称</td><td>单位</td><td colspan="5">数 量</td></tr>
<tr><td>人工</td><td>安装技术工</td><td>工日</td><td>8.0000</td><td>2.0000</td><td>2.0000</td><td>4.0000</td><td>2.0000</td></tr>
<tr><td rowspan="2">计价材料</td><td>复印纸（A4）</td><td>包</td><td>0.5000</td><td>0.0100</td><td>0.0100</td><td>0.0100</td><td>0.0100</td></tr>
<tr><td>记号笔</td><td>支</td><td>2.0000</td><td></td><td></td><td></td><td>1.0000</td></tr>
<tr><td rowspan="3">机械</td><td>网络设备安全防护测试仪</td><td>台班</td><td>1.5000</td><td>1.0000</td><td>1.0000</td><td></td><td></td></tr>
<tr><td>网络测试仪</td><td>台班</td><td>2.0000</td><td>1.0000</td><td>1.0000</td><td></td><td></td></tr>
<tr><td>信令测试分析仪</td><td>台班</td><td>2.0000</td><td></td><td></td><td></td><td></td></tr>
</table>

续表

定额编号			XT7－21	XT7－22	XT7－23	XT7－24	XT7－25
项目			软交换网络设备整机检测	软基础业务平台检测	增值业务功能检测	系统软件优化升级	软交换数据库备份
				统一通信平台	短信平台等		
机械	语音质量测试仪	台班	1.0000				
	数字万用表（数字式）	台班	2.0000				
	便携式维护终端	台班	4.0000	1.0000	1.0000	2.0000	2.0000

定额编号			XT7－26	XT7－27	XT7－28	XT7－29	XT7－30
项目			软交换设备板卡检测、更换	软交换录音设备检测	软交换计费系统检测	软交换自动话务员系统检测	软交换网管系统检测
单位			块	套	系统	系统	系统
基价（元）			**223.36**	**260.82**	**342.60**	**170.00**	**456.60**
其中	人工费（元）		142.50	171.00	228.00	114.00	342.00
	材料费（元）		6.94	6.94	2.60		2.60
	机械费（元）		73.92	82.88	112.00	56.00	112.00
名称		单位	数量				
人工	安装技术工	工日	2.5000	3.0000	4.0000	2.0000	6.0000
计价材料	乙醇（酒精） 工业用 99.5%	kg	0.1000	0.1000			
	复印纸（A4）	包			0.0100		0.0100
	脱脂棉	卷	1.0000	1.0000			
	记号笔	支			1.0000		1.0000
机械	数字万用表（数字式）	台班	1.0000	1.5000			
	便携式维护终端	台班	1.0000	1.0000	2.0000	1.0000	2.0000

第8章 视频监控及安全防护设备

说　明

一、内容范围

本章包括视频监控设备检修、输电线路监测装置检修、变电设备监测装置检修、动力环境监控系统检修、扩音呼叫系统检修、电子围栏检修、门禁系统检修。

二、未包括的内容

线缆检修、更换。

三、定额套用及调整

更换光（电）缆套用本定额第 12 章“通信线路”相关子目。

8.1 视频监控设备检修

工作内容：检测视频监控系统整机性能，调整相关运行指标。

定额编号			XT8-1	XT8-2	XT8-3
项目			视频监控设备整机检测		视频监控系统调优
			中心平台站	子站	
单位			套	套	套
基价（元）			**2640.39**	**917.69**	**1913.31**
其中	人工费（元）		342.00	114.00	228.00
	材料费（元）		2.60	2.60	
	机械费（元）		2295.79	801.09	1685.31
名称		单位	数量		
人工	安装技术工	工日	6.0000	2.0000	4.0000
计价材料	复印纸（A4）	包	0.0100	0.0100	
	记号笔	支	1.0000	1.0000	
机械	变电站视频及环境监控测试分析系统	台班	1.0000	0.2000	0.5000
	图像质量分析仪	台班	1.0000	0.5000	1.0000
	专用显示器	台班	1.0000	0.2000	1.0000

续表

定额编号			XT8－1	XT8－2	XT8－3
项目			视频监控设备整机检测		视频监控系统调优
			中心平台站	子站	
机械	光功率计	台班	1.0000	0.2000	0.1000
	误码测试仪（2M）	台班	1.0000	0.2000	0.5000
	数字万用表（数字式）	台班	1.0000	1.0000	1.0000
	便携式维护终端	台班	1.0000	1.0000	1.0000

定额编号			XT8－4	XT8－5	XT8－6	XT8－7	XT8－8	XT8－9	XT8－10
项目			视频监控设备板卡检测更换	云台检测、更换	摄像机检测更换	照明灯检测、更换 含红外	显示屏检测更换	显示拼接屏器件检测更换	磁带录像机整机检测
单位			块	台	台	个	m^2	个	台
基价（元）			**194.86**	**181.20**	**300.81**	**140.58**	**122.77**	**357.72**	**53.36**
其中	人工费（元）		114.00	114.00	94.00	47.00	28.50	57.00	28.50
	材料费（元）		6.94		5.20				6.94
	机械费（元）		73.92	67.20	201.61	93.58	94.27	300.72	17.92
名称		单位	数量						
人工	普通工	工日			1.0000	0.5000			
	安装技术工	工日	2.0000	2.0000	1.0000	0.5000	0.5000	1.0000	0.5000
计价材料	膨胀螺栓 M8	套			8.0000				
	乙醇（酒精） 工业用 99.5%	kg	0.1000						0.1000
	脱脂棉	卷	1.0000						1.0000
机械	液压升降机 9m以内	台班			0.2000	0.2500			
	电力工程车	台班		0.2000	0.2000	0.1000			
	图像质量分析仪	台班			0.1000		0.1000	0.3000	
	对讲机	台班			0.5000	0.5000			
	数字万用表（数字式）	台班	1.0000		0.3000	1.0000		1.0000	1.0000
	便携式维护终端	台班	1.0000						

8.2 输电线路监测装置检修

工作内容：检测输电线路检测装置的整体性能、检查更换检测系统的板卡及相关辅助设备。

定额编号			XT8－11	XT8－12	XT8－13	XT8－14	XT8－15	XT8－16	XT8－17	XT8－18
项目			线路监测装置整机检测	监测软件优化升级	电源控制器检测更换	太阳能板检测更换	蓄电池检测更换	风能发电机检测更换	数据采集器检测更换	数据集中器检测更换
单位			套	套	个	块	组	台	个	个
基价（元）			**170.00**	**113.00**	**46.42**	**111.92**	**148.92**	**148.92**	**56.50**	**56.50**
其中	人工费（元）		114.00	57.00	28.50	94.00	131.00	131.00	28.50	28.50
	材料费（元）									
	机械费（元）		56.00	56.00	17.92	17.92	17.92	17.92	28.00	28.00
名称		单位	数量							
人工	普通工	工日				1.0000	2.0000	2.0000		
	安装技术工	工日	2.0000	1.0000	0.5000	1.0000	1.0000	1.0000	0.5000	0.5000
机械	数字万用表（数字式）	台班			1.0000	1.0000	1.0000	1.0000		
	便携式维护终端	台班	1.0000	1.0000					0.5000	0.5000

8.3　变电设备监测装置检修

工作内容：检测变电设备监测装置的整体性能、检查更换监测系统的板卡及相关辅助设备。

定额编号			XT8－19	XT8－20	XT8－21	XT8－22	XT8－23	XT8－24
项目			变电监测装置整机检测	电容型设备绝缘在线监测装置	金属氧化物避雷器绝缘在线监测装置	变压器油中溶解气体在线监测装置	变压器铁芯接地电流在线监测装置	变压器中性点直流在线监测装置
单位			套	套	套	台	台	台
基价（元）			**227.00**	**543.30**	**108.52**	**473.83**	**113.84**	**291.42**
其中	人工费（元）		171.00	57.00	57.00	114.00	57.00	57.00
	材料费（元）							
	机械费（元）		56.00	486.30	51.52	359.83	56.84	234.42
名称		单位	数量					
人工	安装技术工	工日	3.0000	1.0000	1.0000	2.0000	1.0000	1.0000
机械	高压介损测试仪	台班		0.2000				
	直流电流电压表	台班						1.0000
	智能式绝缘油含气量测定仪	台班				0.3000		
	绝缘电阻测试仪（2500～10000V、>2mA）	台班				0.3000		

续表

定额编号			XT8－19	XT8－20	XT8－21	XT8－22	XT8－23	XT8－24
项目			变电监测装置整机检测	电容型设备绝缘在线监测装置	金属氧化物避雷器绝缘在线监测装置	变压器油中溶解气体在线监测装置	变压器铁芯接地电流在线监测装置	变压器中性点直流在线监测装置
机械	绝缘电阻表（数字式）	台班		0.5000	0.5000	0.1000	0.5000	0.5000
	数字万用表（数字式）	台班			0.2000		0.2000	0.2000
	指示仪表（电压、电流、功率等表盘）	台班					1.0000	
	便携式维护终端	台班	1.0000	0.2000	0.5000	0.2000	0.5000	0.5000
	阻性电流测试仪	台班			1.0000			

定额编号			XT8-25	XT8-26	XT8-27	XT8-28	XT8-29	XT8-30	XT8-31
项目			GIS（HGIS）局部放电在线监测装置	高压开关柜温度在线监测装置	状态接入网关机（CAG）	监测软件优化升级	传感器检测更换	IED 装置整机检测	CAC 主机整机检测
单位			台	台	台	套	个	套	套
基价（元）			**196.43**	**82.31**	**2042.19**	**113.00**	**130.92**	**187.92**	**130.92**
其中	人工费（元）		114.00	57.00	114.00	57.00	57.00	114.00	57.00
	材料费（元）								
	机械费（元）		82.43	25.31	1928.19	56.00	73.92	73.92	73.92
名称		单位	数量						
人工	安装技术工	工日	2.0000	1.0000	2.0000	1.0000	1.0000	2.0000	1.0000
机械	IEC61850 报文记录分析仪	台班			1.0000				
	直流电流电压表	台班			1.0000				
	绝缘电阻表（数字式）	台班	1.0000	0.5000	0.5000				
	数字万用表（数字式）	台班	0.5000	0.3000			1.0000	1.0000	1.0000
	便携式维护终端	台班	1.0000	0.2000	1.0000	1.0000	1.0000	1.0000	1.0000

8.4 动力环境监控系统检修

工作内容：检测动力监控系统整体性能，调整相关技术参数。

定额编号			XT8－32	XT8－33	XT8－34
项目			动力环境监控设备整机检测		动力环境监控系统调优
			中心站	子站	
单位			套	套	套
基价（元）			**303.26**	**245.59**	**301.92**
其中	人工费（元）		228.00	171.00	228.00
	材料费（元）		1.34	0.67	
	机械费（元）		73.92	73.92	73.92
名称		单位	数量		
人工	安装技术工	工日	4.0000	3.0000	4.0000
计价材料	复印纸（A4）	包	0.1000	0.0500	
机械	数字万用表（数字式）	台班	1.0000	1.0000	1.0000
	便携式维护终端	台班	1.0000	1.0000	1.0000

定额编号			XT8－35	XT8－36	XT8－37	XT8－38	XT8－39
项目			通信动力环境监监控设备单元板卡检测	烟雾、门窗告警装置	温度、湿度传感器	漏水检测装置	吹扫装置、冷却装置
单位			块	只	只	个	个
基价（元）			**194.86**	**87.48**	**84.85**	**49.78**	**56.72**
其中	人工费（元）		114.00	22.80	19.95	28.50	28.50
	材料费（元）		6.94	6.94	6.94		6.94
	机械费（元）		73.92	57.74	57.96	21.28	21.28
名称		单位	数量				
人工	安装技术工	工日	2.0000	0.4000	0.3500	0.5000	0.5000
计价材料	乙醇（酒精） 工业用 99.5%	kg	0.1000	0.1000	0.1000		0.1000
	脱脂棉	卷	1.0000	1.0000	1.0000		1.0000
机械	液压升降机 9m以内	台班		0.2500	0.2500		
	对讲机	台班		0.3000	0.3000	0.3000	0.3000
	温度计	台班			0.0400		
	数字万用表（数字式）	台班	1.0000	1.0000	1.0000	1.0000	1.0000
	便携式维护终端	台班	1.0000				

8.5 扩音呼叫系统检修

工作内容：检测呼叫扩音系统整体性能，调整相关性能指标，并对呼叫器等相关设备进行检测更换。

定额编号			XT8－40	XT8－41	XT8－42	XT8－43
项目			扩音设备整机检测	呼叫器检测更换	号筒喇叭检测更换	无线收发器检测更换
单位			套	个	个	个
基价（元）			**131.92**	**65.96**	**30.29**	**18.89**
其中	人工费（元）		114.00	57.00	28.50	17.10
	材料费（元）					
	机械费（元）		17.92	8.96	1.79	1.79
名称		单位	数量			
人工	安装技术工	工日	2.0000	1.0000	0.5000	0.3000
机械	数字万用表（数字式）	台班	1.0000	0.5000	0.1000	0.1000

8.6 电子围栏检修

工作内容：检测电子围栏主控设备，检测更换相关设备。

定额编号			XT8－44	XT8－45	XT8－46	XT8－47
项目			主控制设备整机检测	警号装置检测更换	红外探测器检测更换	围栏更换
单位			套	只	只	m
基价（元）			**244.92**	**64.86**	**76.26**	**7.07**
其中	人工费（元）		171.00	45.60	57.00	4.56
	材料费（元）			1.34	1.34	0.72
	机械费（元）		73.92	17.92	17.92	1.79
名称		单位	数量			
人工	安装技术工	工日	3.0000	0.8000	1.0000	0.0800
计价材料	膨胀螺栓　M6	套				1.0000
	尼龙扎带　$L=120$mm	根		20.0000	20.0000	3.0000
机械	数字万用表（数字式）	台班	1.0000	1.0000	1.0000	0.1000
	便携式维护终端	台班	1.0000			

8.7 门禁系统检修

工作内容：检测门禁系统性能，检测更换相关部件。

定额编号			XT8－48	XT8－49
项目			门禁设备整机检测	读卡器、键盘、电磁锁检测、更换
单位			套	只
基价（元）			**272.92**	**78.01**
其中	人工费（元）		171.00	57.00
	材料费（元）			3.09
	机械费（元）		101.92	17.92
名称		单位	数量	
人工	安装技术工	工日	3.0000	1.0000
计价材料	自攻螺钉	kg		0.5000
机械	数字万用表（数字式）	台班	1.0000	1.0000
	便携式维护终端	台班	1.5000	

第9章 应急指挥系统及卫星通信设备

说　明

一、内容范围

本章包括应急指挥设备检修、应急通信指挥车检修、卫星通信设备检修。

二、未包括的内容

线缆检修、更换。

9.1 应急指挥设备检修

工作内容： 1. 对应急指挥设备整体检测，对部分板卡和部件进行检测、更换、调试。2. 设备软硬件升级、核对数据、测试指标、系统优化。3. 对设备运行状况进行专业巡视、数据整理，记录数据。

定额编号			XT9－1	XT9－2	XT9－3	XT9－4	XT9－5	XT9－6	XT9－7
项目			应急指挥设备整机检测	系统调优	专业巡检	应急指挥设备单元板卡检测	应急指挥设备单元板卡更换、调试	软件备份	软硬件升级
单位			套	套	套	块	块	套	套
基价（元）			**21523.69**	**5721.00**	**5078.00**	**152.80**	**187.51**	**373.60**	**543.60**
其中	人工费（元）		9234.00	3705.00	2166.00	57.00	85.50	228.00	342.00
	材料费（元）		18.59			0.60	1.21		
	机械费（元）		12271.10	2016.00	2912.00	95.20	100.80	145.60	201.60
名称		单位	数量						
人工	安装技术工	工日	162.0000	65.0000	38.0000	1.0000	1.5000	4.0000	6.0000
计价材料	乙醇（酒精） 工业用 99.5%	kg	1.0000			0.0500	0.1000		
	脱脂棉	卷	2.0000			0.0500	0.1000		
机械	电力工程车	台班	10.0000	4.0000	8.0000	0.2000	0.2000	0.1000	0.1000
	图像质量分析仪	台班	2.0000						

续表

定 额 编 号			XT9－1	XT9－2	XT9－3	XT9－4	XT9－5	XT9－6	XT9－7
项 目			应急指挥设备整机检测	系统调优	专业巡检	应急指挥设备单元板卡检测	应急指挥设备单元板卡更换、调试	软件备份	软硬件升级
机械	可变光衰耗器	台班	2.0000						
	光万用表（光源、光功率计、光纤在线测试）	台班	8.0000						
	误码测试仪（2M）	台班	12.0000						
	SDH 综合测试仪	台班	1.0000						
	便携式维护终端	台班	52.0000	12.0000	4.0000	0.5000	0.6000	2.0000	3.0000

9.2 应急通信指挥车检修

工作内容： 1. 对应急通信指挥车内通信设备整体检测，对部分板卡和部件进行检测、更换、调试。2. 设备软、硬件升级、核对数据、测试指标、系统优化。3. 对设备运行状况专业巡视、数据整理、记录数据。

定额编号			XT9-8	XT9-9	XT9-10	XT9-11	XT9-12	XT9-13	XT9-14
项目			应急指挥车车载设备整机检测	单兵系统通道调试	卫星应急通道调试	系统调优	专业巡检	软件备份	软、硬件升级
单位			套	套	套	套	套	套	套
基价（元）			**11602.27**	**642.40**	**963.60**	**4430.68**	**1581.60**	**489.20**	**565.80**
其中	人工费（元）		6156.00	228.00	342.00	1425.00	456.00	114.00	171.00
	材料费（元）		21.39						
	机械费（元）		5424.88	414.40	621.60	3005.68	1125.60	375.20	394.80
名称		单位	数量						
人工	安装技术工	工日	108.0000	4.0000	6.0000	25.0000	8.0000	2.0000	3.0000
计价材料	乙醇（酒精） 工业用 99.5%	kg	1.5000						
	脱脂棉	卷	2.0000						
机械	电力工程车	台班	6.0000	1.0000	1.5000	3.0000	3.0000	1.0000	1.0000
	数字存储示波器	台班	2.0000			1.0000			
	网络设备安全防护测试仪	台班	1.0000			1.0000			

续表

定　额　编　号			XT9－8	XT9－9	XT9－10	XT9－11	XT9－12	XT9－13	XT9－14
项　　目			应急指挥车车载设备整机检测	单兵系统通道调试	卫星应急通道调试	系统调优	专业巡检	软件备份	软、硬件升级
机械	中功率计	台班	2.0000			1.0000			
	数据分析仪（数据测试仪）	台班	2.0000			1.0000			
	扫频信号发生器	台班	3.0000			1.0000			
	功能检测分析平台（电脑）	台班	25.0000	2.0000	3.0000	8.0000	3.0000	1.0000	1.5000

9.3 卫星通信设备检修

工作内容： 1. 对卫星通信设备整体检测，对部分板卡和部件进行检测、更换、调试。2. 核对数据、测试指标、系统优化。3. 数据整理，记录数据。

定额编号			XT9－15	XT9－16	XT9－17	XT9－18	XT9－19	XT9－20
项目			中心站设备整机检测	监控设备整机检测	端站设备整机检测 固定站、移动站	系统调优	卫星地面站设备单元板卡检测	卫星地面站设备单元板卡更换、调试
单位			套	套	站	套	块	块
基价（元）			**4462.88**	**1866.75**	**2657.63**	**823.60**	**394.69**	**544.17**
其中	人工费（元）		2451.00	798.00	1254.00	342.00	68.40	114.00
	材料费（元）		4.84	3.63	3.63		1.21	1.21
	机械费（元）		2007.04	1065.12	1400.00	481.60	325.08	428.96
名称		单位	数量					
人工	安装技术工	工日	43.0000	14.0000	22.0000	6.0000	1.2000	2.0000
计价材料	乙醇（酒精） 工业用 99.5%	kg	0.4000	0.3000	0.3000		0.1000	0.1000
	脱脂棉	卷	0.4000	0.3000	0.3000		0.1000	0.1000
机械	电力工程车	台班	3.0000	2.0000	2.0000	1.0000	0.2000	0.2000
	数字存储示波器	台班	0.8000	0.6000	0.5000		0.4000	0.5000

续表

定额编号			XT9－15	XT9－16	XT9－17	XT9－18	XT9－19	XT9－20
项目			中心站设备整机检测	监控设备整机检测	端站设备整机检测	系统调优	卫星地面站设备单元板卡检测	卫星地面站设备单元板卡更换、调试
					固定站、移动站			
机械	中功率计	台班	2.0000		1.2000		0.2500	0.4000
	扫频信号发生器	台班	1.2000	0.6000	1.0000		0.4000	0.5000
	频谱分析仪	台班	0.6000		0.5000	0.2000	0.1000	0.2000
	功能检测分析平台（电脑）	台班	6.0000	3.0000	5.0000	2.0000	0.5000	0.8000

第10章 会议电话、会议电视设备

说　明

一、内容范围

本章包括会议电话设备检修、会议电视设备检修。

二、未包括的内容

线缆检修、更换。

10.1　会议电话设备检修

工作内容：1. 对设备整机检测，对部分板卡和部件进行检测、更换、调试。2. 核对数据、测试指标、系统优化。3. 数据整理，记录数据。

定额编号			XT10－1	XT10－2	XT10－3
项目			会议电话设备整机检测	会议电话设备单元板卡检测	会议电话设备单元板卡更换、调试
单位			套	块	块
基价（元）			**2271.77**	**386.92**	**534.65**
其中	人工费（元）		285.00	45.60	114.00
	材料费（元）		6.05		24.51
	机械费（元）		1980.72	341.32	396.14
名称		单位	数量		
人工	安装技术工	工日	5.0000	0.8000	2.0000
计价材料	铜接线端子　16mm²	个			4.0000
	热塑管	m			1.0000
	乙醇（酒精）　工业用　99.5%	kg	0.5000		0.0500
	脱脂棉	卷	0.5000		0.2000
	其他材料费	元			0.4000

续表

定额编号			XT10－1	XT10－2	XT10－3
项目			会议电话设备整机检测	会议电话设备单元板卡检测	会议电话设备单元板卡更换、调试
机械	电力工程车	台班	1.0000	0.2000	0.2000
	语音质量测试仪	台班	0.3000	0.0500	0.0600
	用户、中继模拟呼叫测试仪	台班	0.3000	0.0500	0.0600

10.2 会议电视设备

工作内容： 1. 对设备整机检测，对部分板卡和部件进行检测、更换、调试。2. 核对数据、测试指标、系统优化。3. 数据整理，记录数据。

定额编号			XT10-4	XT10-5	XT10-6	XT10-7	XT10-8	XT10-9
项目			会议电视设备整机检测		系统调优	网管数据维护	会议电视设备单元板卡检测	会议电视设备单元板卡更换、调试
			中心站	子站				
单位			套	套	套	套	块	块
基价（元）			**2779.94**	**1627.25**	**6102.88**	**1341.80**	**404.52**	**800.67**
其中	人工费（元）		570.00	342.00	1425.00	513.00	45.60	114.00
	材料费（元）		4.84	3.63				25.33
	机械费（元）		2205.10	1281.62	4677.88	828.80	358.92	661.34
名称		单位	数量					
人工	安装技术工	工日	10.0000	6.0000	25.0000	9.0000	0.8000	2.0000
计价材料	镀锌六角螺栓　综合	kg						0.2000
	铜接线端子　16mm^2	个						4.0000
	热塑管	m						1.0000
	乙醇（酒精）　工业用　99.5%	kg	0.4000	0.3000				0.1000
	脱脂棉	卷	0.4000	0.3000				0.1000
机械	电力工程车	台班	1.0000	0.5000	2.0000	2.0000	0.1000	0.1500

续表

定额编号			XT10-4	XT10-5	XT10-6	XT10-7	XT10-8	XT10-9
项目			会议电视设备整机检测		系统调优	网管数据维护	会议电视设备单元板卡检测	会议电视设备单元板卡更换、调试
			中心站	子站				
机械	图像质量分析仪	台班	0.5000	0.3000	4.0000		0.1000	0.2000
	数据分析仪（数据测试仪）	台班	0.5000	0.3000				0.2000
	语音质量测试仪	台班	0.2500	0.1500			0.0400	0.0700
	用户、中继模拟呼叫测试仪	台班	0.2000	0.1200			0.0400	0.0700
	功能检测分析平台（电脑）	台班	2.0000	1.0000	6.0000	4.0000	0.3000	0.3000

第11章 数据网设备

说　明

一、内容范围

本章包括服务器检修、路由器检修、交换机检修、存储设备检修。

二、未包括的内容

线缆检修、更换。

三、定额套用及调整

1．服务器可分为三类：①低端服务器，采用 Windows 操作系统的 PC 服务器；②中端服务器，采用 Linux 操作系统的 PC 服务器；③高端服务器，采用 Unix 操作系统的服务器。

2．路由器按所处网络位置分为三类：①接入层路由器：位于网络的边缘，负责将流量馈入网络，执行网络访问控制，并且提供其他边缘服务；②汇聚层路由器：位于网络的中间，负责聚和网络路由，并且收敛数据流量；③核心层路由器：位于网络的核心，具有完整的路由信息，负责高速地运送数据流量，套用核心层路由器子目。

11.1 服务器检修

工作内容： 1. 对设备整机检测，对部分板卡和部件进行检测、更换、调试。2. 核对数据、测试指标、系统优化。3. 数据整理，记录数据。

定额编号			XT11－1	XT11－2	XT11－3	XT11－4
项目			整机检测			系统调优
			低端	中端	高端	
单位			套	套	套	套
基价（元）			**1876.40**	**2485.95**	**3263.76**	**1789.16**
其中	人工费（元）		313.50	427.50	684.00	456.00
	材料费（元）		1.21	1.21	1.21	
	机械费（元）		1561.69	2057.24	2578.55	1333.16
名称		单位	数量			
人工	安装技术工	工日	5.5000	7.5000	12.0000	8.0000
计价材料	乙醇（酒精） 工业用 99.5%	kg	0.1000	0.1000	0.1000	
	脱脂棉	卷	0.1000	0.1000	0.1000	
机械	电力工程车	台班	0.5000	0.5000	0.5000	2.0000
	网络设备安全防护测试仪	台班	1.2000	1.6000	2.0000	0.5000
	数据分析仪（数据测试仪）	台班	0.8000	1.2000	1.5000	0.3000
	功能检测分析平台（电脑）	台班	2.0000	3.0000	5.0000	3.0000

定额编号			XT11－5	XT11－6	XT11－7	XT11－8	XT11－9	XT11－10	XT11－11
项目			单元板卡检测			单元板卡检测更换、调试			软件升级
			低端	中端	高端	低端	中端	高端	
单位			块	块	块	块	块	块	套
基价（元）			**221.11**	**253.55**	**291.26**	**329.19**	**387.15**	**472.54**	**316.60**
其中	人工费（元）		57.00	68.40	79.80	85.50	102.60	119.70	171.00
	材料费（元）		0.11	0.44	0.44	10.85	10.85	10.85	
	机械费（元）		164.00	184.71	211.02	232.84	273.70	341.99	145.60
名称		单位	数量						
人工	安装技术工	工日	1.0000	1.2000	1.4000	1.5000	1.8000	2.1000	3.0000
计价材料	镀锌六角螺栓　综合	kg				0.1000	0.1000	0.1000	
	铜接线端子　16mm^2	个				2.0000	2.0000	2.0000	
	热塑管	m				0.3000	0.3000	0.3000	
	乙醇（酒精）　工业用　99.5%	kg	0.0200	0.0200	0.0200	0.0200	0.0200	0.0200	
	脱脂棉	卷		0.0500	0.0500	0.0500	0.0500	0.0500	
机械	电力工程车	台班	0.2000	0.2000	0.2000	0.2000	0.2000	0.2000	0.2000
	网络设备安全防护测试仪	台班	0.0500	0.0600	0.0650	0.0800	0.0900	0.1100	
	数据分析仪（数据测试仪）	台班	0.2000	0.2500	0.3500	0.4000	0.6000	0.9000	
	功能检测分析平台（电脑）	台班	0.5000	0.6000	0.8000	0.8000	0.9000	1.1000	2.0000

11.2 路由器检修

工作内容： 1. 对设备整机检测，对部分板卡和部件进行检测、更换、调试。2. 核对数据、测试指标、系统优化。3. 数据整理，记录数据。

定额编号			XT11－12	XT11－13	XT11－14	XT11－15
项目			整机检测			系统调优
			接入层	汇聚层	核心层	
单位			套	套	套	套
基价（元）			**1267.85**	**1595.53**	**1868.20**	**1119.99**
其中	人工费（元）		256.50	342.00	484.50	370.50
	材料费（元）		1.21	1.21	1.21	
	机械费（元）		1010.14	1252.32	1382.49	749.49
名称		单位	数量			
人工	安装技术工	工日	4.5000	6.0000	8.5000	6.5000
计价材料	乙醇（酒精） 工业用 99.5%	kg	0.1000	0.1000	0.1000	
	脱脂棉	卷	0.1000	0.1000	0.1000	
机械	电力工程车	台班	0.2000	0.2000	0.2000	0.2000
	网络设备安全防护测试仪	台班	0.8000	1.0000	1.2000	0.6000
	数据分析仪（数据测试仪）	台班	0.5000	0.6000	0.8000	
	功能检测分析平台（电脑）	台班	1.8000	2.5000		2.0000

定额编号			XT11－16	XT11－17	XT11－18	XT11－19	XT11－20	XT11－21	XT11－22
项目			单元板卡检测			单元板卡检测更换、调试			软件升级
			接入层	汇聚层	核心层	接入层	汇聚层	核心层	
单位			块	块	块	块	块	块	套
基价（元）			**180.58**	**205.96**	**231.35**	**243.54**	**274.62**	**305.71**	**249.40**
其中	人工费（元）		57.00	68.40	79.80	85.50	102.60	119.70	171.00
	材料费（元）		0.44	0.44	0.44	10.85	10.85	10.85	
	机械费（元）		123.14	137.12	151.11	147.19	161.17	175.16	78.40
名称		单位	数量						
人工	安装技术工	工日	1.0000	1.2000	1.4000	1.5000	1.8000	2.1000	3.0000
计价材料	镀锌六角螺栓　综合	kg				0.1000	0.1000	0.1000	
	铜接线端子　16mm^2	个				2.0000	2.0000	2.0000	
	热塑管	m				0.3000	0.3000	0.3000	
	乙醇（酒精）　工业用　99.5%	kg	0.0200	0.0200	0.0200	0.0200	0.0200	0.0200	
	脱脂棉	卷	0.0500	0.0500	0.0500	0.0500	0.0500	0.0500	
机械	电力工程车	台班	0.2000	0.2000	0.2000	0.2000	0.2000	0.2000	
	网络设备安全防护测试仪	台班	0.0400	0.0500	0.0600	0.0600	0.0700	0.0800	
	功能检测分析平台（电脑）	台班	0.4000	0.5000	0.6000	0.5000	0.6000	0.7000	2.0000

11.3 交换机检修

工作内容： 1. 对设备整机检测，对部分板卡和部件进行检测、更换、调试。2. 核对数据、测试指标、系统优化。3. 数据整理，记录数据。

定额编号			XT11－23	XT11－24	XT11－25	XT11－26
项目			整机检测		光纤交换机	系统调优
			二层	三层及以上		
单位			套	套	台	套
基价（元）			**318.52**	**541.22**	**477.44**	**338.00**
其中	人工费（元）		114.00	199.50	171.00	114.00
	材料费（元）		0.12	0.12	0.12	
	机械费（元）		204.40	341.60	306.32	224.00
名称		单位	数量			
人工	安装技术工	工日	2.0000	3.5000	3.0000	2.0000
计价材料	乙醇（酒精） 工业用 99.5%	kg	0.0100	0.0100	0.0100	
	脱脂棉	卷	0.0100	0.0100	0.0100	
机械	电力工程车	台班	0.2000	0.2000	0.2000	0.2000
	网络测试仪	台班	1.0000	2.0000	1.8000	1.0000
	功能检测分析平台（电脑）	台班	0.5000	1.0000	0.7000	1.0000

定额编号			XT11－27	XT11－28	XT11－29	XT11－30	XT11－31	XT11－32	XT11－33
项目			单元板卡检测			单元板卡检测更换、调试			软件升级
			二层	三层及以上	光纤交换机	二层	三层及以上	光纤交换机	
单位			块	块	块	块	块	块	套
基价（元）			**101.30**	**114.84**	**79.56**	**123.71**	**135.29**	**100.01**	**205.62**
其中	人工费（元）		28.50	34.20	34.20	39.90	45.60	45.60	85.50
	材料费（元）					1.21	1.21	1.21	
	机械费（元）		72.80	80.64	45.36	82.60	88.48	53.20	120.12
名称		单位	数量						
人工	安装技术工	工日	0.5000	0.6000	0.6000	0.7000	0.8000	0.8000	1.5000
计价材料	乙醇（酒精） 工业用 99.5%	kg				0.1000	0.1000	0.1000	
	脱脂棉	卷				0.1000	0.1000	0.1000	
机械	电力工程车	台班	0.1000	0.1000	0.1000	0.1000	0.1000	0.1000	0.2000
	网络测试仪	台班	0.2500	0.3000		0.2500	0.3000		0.2500
	功能检测分析平台（电脑）	台班	0.2500	0.3000	0.3000	0.5000	0.5000	0.5000	0.6000

11.4 存储设备检修

工作内容： 1. 对设备整机检测，对部分板卡和部件进行检测、更换、调试。2. 核对数据、测试指标、软件升级。3. 数据整理，记录数据。

定额编号			XT11－34	XT11－35	XT11－36	XT11－37	XT11－38	XT11－39
项目			磁带库整机检测	光盘机整机检测	磁盘阵列整机检测	单元板卡检测	单元板卡检测更换、调试	软件升级
单位			套	套	套	块	块	套
基价（元）			**3228.95**	**2838.86**	**2952.86**	**236.61**	**327.19**	**585.40**
其中	人工费（元）		684.00	456.00	570.00	57.00	85.50	171.00
	材料费（元）							
	机械费（元）		2544.95	2382.86	2382.86	179.61	241.69	414.40
名称		单位	数量					
人工	安装技术工	工日	12.0000	8.0000	10.0000	1.0000	1.5000	3.0000
机械	电力工程车	台班	1.0000	1.0000	1.0000	0.2000	0.2000	1.0000
	网络设备安全防护测试仪	台班	2.0000	1.8000	1.8000	0.1000	0.1500	
	功能检测分析平台（电脑）	台班	5.0000	6.0000	6.0000	0.3000	0.6000	2.0000

第12章 通信线路

说　明

一、内容范围

本章包括故障点测量、自立杆更换，拉线、接地线检修，ADSS光缆弧垂调整、吊线检修，金具检修、接头盒检查，光（电）缆分线箱检查，光缆检修，电缆检修，管道光（电）缆，光缆接续，光缆单盘测试，光缆测试，电缆接续，光缆保护管及其他检修、光缆跨越，牵、张场场地建设。

二、定额套用及调整

架空吊线更换、光（电）缆检修、管道光（电）缆检修工程量不足100m按100m计，超过100m按实际计取。

通信线路更换工作内容不包括通信线路拆除，涉及通信线路拆除的工作内容需套用《电网拆除工程预算定额　第三册　通信工程》中相关子目。

12.1 故障点测量、自立杆更换

工作内容： 故障点测量包括对故障点的确定及测量、施工前准备、办理工作手续、了解工作环境、清理工作场地。自立杆更换包括拆换原杆及装拆临时拉线等。巡视光（电）缆外护套、弧垂、金具、杆塔、障碍物、接头、电腐蚀、安全距离等。

定额编号			XT12-1	XT12-2	XT12-3
项目			故障点测量	自立杆更换	光（电）缆巡检
单位			处	根	km
基价（元）			**638.00**	**719.95**	**189.70**
其中	人工费（元）		302.00	151.00	122.50
	材料费（元）			11.31	
	机械费（元）		336.00	557.64	67.20
名称		单位	数量		
人工	普通工	工日	2.0000	1.0000	1.0000
	安装技术工	工日	4.0000	2.0000	1.5000
计价材料	镀锌铁丝 综合	kg		2.0000	
	其他材料费	元		0.3300	
机械	汽车式起重机 5t	台班		0.5000	
	电力工程车	台班	1.0000	0.4000	0.2000
	打洞立杆机 92kW	台班		0.4000	

12.2 拉线、接地线检修

工作内容：抱箍更换，接地线、拉线、拉棒及地锚更换，拉线弛度调整，拉线防盗、防腐、警示管安装。

定额编号			XT12－4	XT12－5	XT12－6	XT12－7	XT12－8	XT12－9	XT12－10	XT12－11
项目			抱箍更换	拉线调整	拉线更换	拉棒及地锚更换	拉线防盗	拉线防腐	安装警示管	接地线更换
单位			套	根	根	根	根	根	根	根
基价（元）			**19.23**	**33.99**	**63.59**	**154.57**	**14.14**	**25.50**	**14.14**	**196.77**
其中	人工费（元）		17.10	28.50	57.00	142.50	11.40	17.10	11.40	57.00
	材料费（元）		2.13	5.49	6.59	12.07	2.74	8.40	2.74	2.74
	机械费（元）									137.03
名称		单位	数量							
人工	安装技术工	工日	0.3000	0.5000	1.0000	2.5000	0.2000	0.3000	0.2000	1.0000
计价材料	镀锌六角螺栓　综合	kg	0.2000							
	镀锌铁丝　综合	kg	0.1000	1.0000	1.2000	2.2000	0.5000		0.5000	0.5000
	耐酸防腐漆	kg						0.1500		
机械	电阻率测量仪（防雷接地测量用）	台班								0.5000

12.3 ADSS 光缆弧垂调整、吊线检修

工作内容：调整 ADSS 光缆弧度的位置和高度。调整架空吊线弧垂的位置与高度，对架空吊线进行更换，清除吊线障碍物。

定额编号			XT12－12	XT12－13	XT12－14	XT12－15	XT12－16	XT12－17
项目			ADSS 光缆弧垂调整		架空吊线弛度调整		架空吊线更换	
			35kV 以下	35kV 及以上	GJ7/2.2	GJ7/2.6	GJ7/2.2	GJ7/2.6
单位			档	档	档	档	100m	100m
基价（元）			**364.35**	**392.85**	**201.83**	**230.33**	**192.67**	**204.34**
其中	人工费（元）		122.50	151.00	94.00	122.50	122.50	133.90
	材料费（元）		9.41	9.41	5.49	5.49	2.20	2.47
	机械费（元）		232.44	232.44	102.34	102.34	67.97	67.97
名称		单位	数量					
人工	普通工	工日	1.0000	1.0000	1.0000	1.0000	1.0000	1.0000
	安装技术工	工日	1.5000	2.0000	1.0000	1.5000	1.5000	1.7000
计价材料	镀锌铁丝 综合	kg			1.0000	1.0000	0.4000	0.4500
	自粘性橡胶带 25mm×20m	卷	1.0000	1.0000				
	钢锯条各种规格	根	1.0000	1.0000				
机械	汽车式起重机 5t	台班	0.3000	0.3000				
	机动绞磨 3t 以内	台班			0.2000	0.2000	0.1000	0.1000
	电力工程车	台班	0.2000	0.2000	0.1000	0.1000	0.1000	0.1000

续表

定额编号			XT12-12	XT12-13	XT12-14	XT12-15	XT12-16	XT12-17
项目			ADSS 光缆弧垂调整		架空吊线弛度调整		架空吊线更换	
			35kV 以下	35kV 及以上	GJ7/2.2	GJ7/2.6	GJ7/2.2	GJ7/2.6
机械	红外测距仪	台班	0.2000	0.2000	0.2000	0.2000	0.1000	0.1000
	液压紧线器	台班	0.3000	0.3000	0.2000	0.2000	0.1000	0.1000

定额编号			XT12－18	XT12－19	XT12－20
项目			架空吊线保护管更换	补缺挂钩	补缺标牌
单位			处	10 个	块
基价（元）			**62.49**	**57.00**	**31.24**
其中	人工费（元）		57.00	57.00	28.50
	材料费（元）		5.49		2.74
	机械费（元）				
名称		单位	数量		
人工	安装技术工	工日	1.0000	1.0000	0.5000
计价材料	镀锌铁丝　综合	kg	1.0000		0.5000

12.4 金具检修、接头盒检查

工作内容： 1. 对抱箍、线夹、紧固件、防震器、余缆架等金具进行检查更换。2. 对普通光缆、ADSS光缆接头盒、电缆接线盒的检查。

定额编号			XT12－21	XT12－22	XT12－23
项目			普通光缆金具	ADSS光缆金具	
				35kV以下	35kV及以上
单位			套	套	套
基价（元）			**74.90**	**177.20**	**205.70**
其中	人工费（元）		57.00	142.50	171.00
	材料费（元）		1.10	1.10	1.10
	机械费（元）		16.80	33.60	33.60
名称		单位	数量		
人工	安装技术工	工日	1.0000	2.5000	3.0000
计价材料	镀锌铁丝　综合	kg	0.2000	0.2000	0.2000
机械	电力工程车	台班	0.0500	0.1000	0.1000

定额编号			XT12-24	XT12-25	XT12-26	XT12-27	XT12-28	XT12-29
项目			普通光缆接头盒	ADSS 光缆接头盒	OPGW 光缆接头盒	电缆接线盒	余缆箱更换	余缆架更换
单位			个	个	个	个	个	个
基价（元）			**91.10**	**119.60**	**131.00**	**93.48**	**269.64**	**158.84**
其中	人工费（元）		57.00	85.50	96.90	68.40	132.50	88.90
	材料费（元）		17.30	17.30	17.30	8.28	2.74	2.74
	机械费（元）		16.80	16.80	16.80	16.80	134.40	67.20
名称		单位	数量					
人工	普通工	工日					0.5000	0.4000
	安装技术工	工日	1.0000	1.5000	1.7000	1.2000	2.0000	1.3000
计价材料	镀锌铁丝　综合	kg				0.1000	0.5000	0.5000
	自粘性橡胶带　25mm×20m	卷	2.0000	2.0000	2.0000	1.0000		
	密封胶	kg	0.1000	0.1000	0.1000			
机械	电力工程车	台班	0.0500	0.0500	0.0500	0.0500	0.4000	0.2000

12.6 光缆检修

工作内容：对普通架空光缆、ADSS 光缆、槽道、槽板、室内通道光缆进行检查、更换。

定额编号			XT12-36	XT12-37	XT12-38	XT12-39	XT12-40	XT12-41	XT12-42	XT12-43
项目			普通架空光缆（芯以下）			ADSS 光缆		槽道式光缆	槽板式沿墙光电缆	室内通道光缆
			12	36	60	35kV 以下	35kV 以上			
单位			100m	100m	100m	100m	100m	100m	100m	100m
基价（元）			**163.83**	**180.93**	**192.33**	**392.14**	**420.64**	**188.88**	**596.38**	**425.38**
其中	人工费（元）		104.00	121.10	132.50	179.50	208.00	122.50	530.00	359.00
	材料费（元）		7.06	7.06	7.06	5.66	5.66	15.98	15.98	15.98
	机械费（元）		52.77	52.77	52.77	206.98	206.98	50.40	50.40	50.40
名称		单位	数量							
人工	普通工	工日	0.5000	0.5000	0.5000	1.0000	1.0000	1.0000	2.0000	2.0000
	安装技术工	工日	1.5000	1.8000	2.0000	2.5000	3.0000	1.5000	8.0000	5.0000
计价材料	镀锌铁丝　综合	kg	1.0000	1.0000	1.0000	0.8000	0.8000			
	自粘性橡胶带　25mm×20m	卷	0.1000	0.1000	0.1000	0.1000	0.1000	1.0000	1.0000	1.0000
	乙醇（酒精）　工业用　99.5%	kg						1.0000	1.0000	1.0000
	钢锯条　各种规格	根	0.2000	0.2000	0.2000	0.2000	0.2000			
	棉纱头	kg						0.3000	0.3000	0.3000
	其他材料费	元	0.4600	0.4600	0.4600	0.1700	0.1700	0.4700	0.4700	0.4700

12.5 光（电）缆分线箱检修

工作内容：对光（电）缆分线箱进行检查、更换。

定额编号			XT12－30	XT12－31	XT12－32	XT12－33	XT12－34	XT12－35
项目			光缆分线箱			电缆分线箱		
			240芯以下	480芯以下	480芯以上	200对以下	500对以下	500对以上
单位			只	只	只	只	只	只
基价（元）			**409.28**	**519.36**	**643.70**	**286.00**	**343.00**	**400.00**
其中	人工费（元）		199.50	256.50	327.75	182.40	239.40	296.40
	材料费（元）		36.40	36.40	36.40	36.40	36.40	36.40
	机械费（元）		173.38	226.46	279.55	67.20	67.20	67.20
名称		单位	数量					
人工	安装技术工	工日	3.5000	4.5000	5.7500	3.2000	4.2000	5.2000
计价材料	镀锌铁丝　综合	kg	1.0000	1.0000	1.0000	1.0000	1.0000	1.0000
	自粘性橡胶带　25mm×20m	卷	4.0000	4.0000	4.0000	4.0000	4.0000	4.0000
机械	电力工程车	台班	0.2000	0.2000	0.2000	0.2000	0.2000	0.2000
	光纤识别仪	台班	2.0000	3.0000	4.0000			

12.6 光缆检修

工作内容：对普通架空光缆、ADSS 光缆、槽道、槽板、室内通道光缆进行检查、更换。

定额编号			XT12－36	XT12－37	XT12－38	XT12－39	XT12－40	XT12－41	XT12－42	XT12－43
项目			普通架空光缆（芯以下）			ADSS 光缆		槽道式光缆	槽板式沿墙光电缆	室内通道光缆
			12	36	60	35kV 以下	35kV 以上			
单位			100m	100m	100m	100m	100m	100m	100m	100m
基价（元）			**163.83**	**180.93**	**192.33**	**392.14**	**420.64**	**188.88**	**596.38**	**425.38**
其中	人工费（元）		104.00	121.10	132.50	179.50	208.00	122.50	530.00	359.00
	材料费（元）		7.06	7.06	7.06	5.66	5.66	15.98	15.98	15.98
	机械费（元）		52.77	52.77	52.77	206.98	206.98	50.40	50.40	50.40
名称		单位	数量							
人工	普通工	工日	0.5000	0.5000	0.5000	1.0000	1.0000	1.0000	2.0000	2.0000
	安装技术工	工日	1.5000	1.8000	2.0000	2.5000	3.0000	1.5000	8.0000	5.0000
计价材料	镀锌铁丝　综合	kg	1.0000	1.0000	1.0000	0.8000	0.8000			
	自粘性橡胶带　25mm×20m	卷	0.1000	0.1000	0.1000	0.1000	0.1000	1.0000	1.0000	1.0000
	乙醇（酒精）　工业用　99.5%	kg						1.0000	1.0000	1.0000
	钢锯条　各种规格	根	0.2000	0.2000	0.2000	0.2000	0.2000			
	棉纱头	kg						0.3000	0.3000	0.3000
	其他材料费	元	0.4600	0.4600	0.4600	0.1700	0.1700	0.4700	0.4700	0.4700

12.5 光（电）缆分线箱检修

工作内容： 对光（电）缆分线箱进行检查、更换。

定额编号			XT12－30	XT12－31	XT12－32	XT12－33	XT12－34	XT12－35
项目			光缆分线箱			电缆分线箱		
			240 芯以下	480 芯以下	480 芯以上	200 对以下	500 对以下	500 对以上
单位			只	只	只	只	只	只
基价（元）			**409.28**	**519.36**	**643.70**	**286.00**	**343.00**	**400.00**
其中	人工费（元）		199.50	256.50	327.75	182.40	239.40	296.40
	材料费（元）		36.40	36.40	36.40	36.40	36.40	36.40
	机械费（元）		173.38	226.46	279.55	67.20	67.20	67.20
名称		单位	数量					
人工	安装技术工	工日	3.5000	4.5000	5.7500	3.2000	4.2000	5.2000
计价材料	镀锌铁丝　综合	kg	1.0000	1.0000	1.0000	1.0000	1.0000	1.0000
	自粘性橡胶带　25mm×20m	卷	4.0000	4.0000	4.0000	4.0000	4.0000	4.0000
机械	电力工程车	台班	0.2000	0.2000	0.2000	0.2000	0.2000	0.2000
	光纤识别仪	台班	2.0000	3.0000	4.0000			

续表

定额编号			XT12－36	XT12－37	XT12－38	XT12－39	XT12－40	XT12－41	XT12－42	XT12－43
项目			普通架空光缆（芯以下）			ADSS 光缆		槽道式光缆	槽板式沿墙光电缆	室内通道光缆
			12	36	60	35kV 以下	35kV 以上			
机械	汽车式起重机　5t	台班	0.0750	0.0750	0.0750	0.0750	0.0750			
	机动绞磨　3t 以内	台班	0.0600	0.0600	0.0600	0.1200	0.1200			
	电力工程车	台班	0.0400	0.0400	0.0400	0.0400	0.0400	0.1500	0.1500	0.1500
	牵引机组机械　90kN	台班				0.0500	0.0500			
	张力机组机械　1×40kN	台班				0.0500	0.0500			

12.7 电缆检修

工作内容：对架空电缆、墙壁电缆进行检查、更换。

定额编号			XT12-44	XT12-45	XT12-46	XT12-47	XT12-48	XT12-49	XT12-50
项目			架空电缆			墙壁式电缆（对以下）			
						固钉式电缆		槽板式电缆	
			50对以下	100对以下	100对以上	50	100	50	100
单位			100m	100m	100m	100m	100m	100m	100m
基价（元）			**318.51**	**329.91**	**421.49**	**681.58**	**738.58**	**728.58**	**785.58**
其中	人工费（元）		243.60	255.00	340.50	198.00	255.00	245.00	302.00
	材料费（元）		15.25	15.25	21.33	9.92	9.92	9.92	9.92
	机械费（元）		59.66	59.66	59.66	473.66	473.66	473.66	473.66
名称		单位	数量						
人工	普通工	工日	1.5000	1.5000	1.5000	1.5000	1.5000	2.0000	2.0000
	安装技术工	工日	3.3000	3.5000	5.0000	2.5000	3.5000	3.0000	4.0000
计价材料	镀锌铁丝 综合	kg	1.3500	1.3500	1.3500	0.4000	0.4000	0.4000	0.4000
	自粘性橡胶带 25mm×20m	卷	0.1000	0.1000	0.1000	0.1000	0.1000	0.1000	0.1000
	塑料标识牌	个	3.0000	3.0000	3.0000	3.0000	3.0000	3.0000	3.0000
	硬脂酸 一级	kg	0.0500	0.0500	0.5000				
	乙醇（酒精） 工业用 99.5%	kg	0.3000	0.3000	0.3000	0.1000	0.1000	0.1000	0.1000
	钢锯条 各种规格	根	0.2000	0.2000	0.2000	0.2000	0.2000	0.2000	0.2000

续表

定额编号			XT12-44	XT12-45	XT12-46	XT12-47	XT12-48	XT12-49	XT12-50
项目			架空电缆			墙壁式电缆（对以下）			
						固钉式电缆		槽板式电缆	
			50对以下	100对以下	100对以上	50	100	50	100
计价材料	棉纱头	kg	0.3000	0.3000	0.3000	0.3000	0.3000	0.3000	0.3000
	医用纱布	卷	0.1000	0.1000	0.1000	1.0000	1.0000	1.0000	1.0000
	其他材料费	元	0.6500	0.6500	0.8200	0.2900	0.2900	0.2900	0.2900
机械	汽车式起重机　5t	台班	0.0800	0.0800	0.0800	0.5000	0.5000	0.5000	0.5000
	电力工程车	台班	0.0800	0.0800	0.0800	0.8000	0.8000	0.8000	0.8000

12.8 管道光（电）缆检修

工作内容：人工敷设穿子管光（电）缆及引上光（电）缆进行检查及更换。

定额编号			XT12－51	XT12－52	XT12－53	XT12－54	XT12－55	XT12－56	XT12－57
项目			沟内人工敷设穿子管光缆（芯以下）			沟内人工敷设音频电缆（对以下）			引上光（电）缆
			12	36	60	50	100	200	
单位			100m	100m	100m	100m	100m	100m	条
基价（元）			**309.36**	**337.86**	**366.36**	**176.21**	**205.00**	**233.79**	**94.15**
其中	人工费（元）		236.50	265.00	293.50	104.00	132.50	161.00	47.00
	材料费（元）		13.20	13.20	13.20	12.55	12.84	13.13	13.55
	机械费（元）		59.66	59.66	59.66	59.66	59.66	59.66	33.60
名称		单位	数量						
人工	普通工	工日	1.0000	1.0000	1.0000	0.5000	0.5000	0.5000	0.5000
	安装技术工	工日	3.5000	4.0000	4.5000	1.5000	2.0000	2.5000	0.5000
计价材料	镀锌铁丝　综合	kg	1.3500	1.3500	1.3500	1.3500	1.3500	1.3500	0.5000
	自粘性橡胶带　25mm×20m	卷							0.5000
	塑料标识牌	个	3.0000	3.0000	3.0000	3.0000	3.0000	3.0000	1.0000
	硬脂酸　一级	kg				0.0500	0.0500	0.0500	
	乙醇（酒精）　工业用　99.5%	kg	0.3000	0.3000	0.3000	0.1000	0.1500	0.2000	
	钢锯条　各种规格	根				0.2000	0.2000	0.2000	1.0000
	棉纱头	kg	0.3000	0.3000	0.3000	0.2000	0.2000	0.2000	0.3000

续表

定额编号			XT12－51	XT12－52	XT12－53	XT12－54	XT12－55	XT12－56	XT12－57
项目			沟内人工敷设穿子管光缆（芯以下）			沟内人工敷设音频电缆（对以下）			引上光（电）缆
			12	36	60	50	100	200	
计价材料	医用纱布	卷				0.1000	0.1000	0.1000	1.0000
	其他材料费	元	0.5900	0.5900	0.5900	0.5700	0.5800	0.5800	0.3900
机械	汽车式起重机　5t	台班	0.0800	0.0800	0.0800	0.0800	0.0800	0.0800	
	电力工程车	台班	0.0800	0.0800	0.0800	0.0800	0.0800	0.0800	0.1000

12.9 光缆接续

工作内容：对光缆接头进行检查及接续。

定额编号			XT12－58	XT12－59	XT12－60	XT12－61	XT12－62	XT12－63
项目			中继光缆接续（芯以下）					中继光缆接续
			12	24	36	48	60	每增加2芯
单位			头	头	头	头	头	芯
基价（元）			**1742.83**	**2320.57**	**2892.59**	**3493.17**	**4093.74**	**137.56**
其中	人工费（元）		342.00	427.50	513.00	598.50	684.00	17.10
	材料费（元）		238.99	382.67	520.64	687.17	853.69	27.51
	机械费（元）		1161.84	1510.40	1858.95	2207.50	2556.05	92.95
名称		单位	数量					
人工	安装技术工	工日	6.0000	7.5000	9.0000	10.5000	12.0000	0.3000
计价材料	光纤用热缩封口	只	15.0000	29.0000	42.0000	60.0000	78.0000	3.0000
	光纤用除油剂	瓶	0.4000	0.8000	1.2000	1.6000	2.0000	0.0700
	光纤用切管刀片	片	1.0000	1.3000	1.6000	1.9000	2.2000	0.0500
	自粘性橡胶带 25mm×20m	卷	2.0000	2.5000	3.0000	3.5000	4.0000	0.1000
	塑料标识牌	个	1.0000	1.0000	1.0000	1.0000	1.0000	
	无纺布	m^2	1.0000	1.5000	2.0000	2.5000	3.0000	0.0800
	绸布	m^2	1.0000	1.1000	1.2000	1.3000	1.4000	0.0200
	压缩空气 标准瓶装	瓶	0.5000	0.7500	1.0000	1.2500	1.5000	0.0400

续表

定额编号			XT12－58	XT12－59	XT12－60	XT12－61	XT12－62	XT12－63
项目			中继光缆接续（芯以下）					中继光缆接续
			12	24	36	48	60	每增加2芯
计价材料	其他材料费	元	5.8100	9.6300	13.3400	17.6200	21.8900	0.1700
机械	电力工程车	台班	1.0000	1.3000	1.6000	1.9000	2.2000	0.0800
	光纤熔接仪	台班	1.0000	1.3000	1.6000	1.9000	2.2000	0.0800
	光纤电话	台班	1.0000	1.3000	1.6000	1.9000	2.2000	0.0800
	光时域反射仪	台班	1.0000	1.3000	1.6000	1.9000	2.2000	0.0800
	光纤切割刀	台班	1.0000	1.3000	1.6000	1.9000	2.2000	0.0800

定 额 编 号			XT12-64	XT12-65	XT12-66	XT12-67	XT12-68	XT12-69
项 目			OPGW 光缆接续（芯以下）					OPGW 光缆接续
			12	24	36	48	60	每增加 2 芯
单 位			头	头	头	头	头	芯
基 价（元）			**2256.21**	**2866.35**	**3470.77**	**4103.74**	**4736.73**	**147.88**
其中	人 工 费（元）		570.00	655.50	741.00	826.50	912.00	17.10
	材 料 费（元）		292.00	452.13	606.55	789.52	972.50	31.34
	机 械 费（元）		1394.21	1758.72	2123.22	2487.72	2852.23	99.44
名 称		单位	数 量					
人工	安装技术工	工日	10.0000	11.5000	13.0000	14.5000	16.0000	0.3000
计价材料	光纤用热缩封口	只	15.0000	29.0000	42.0000	60.0000	78.0000	3.0000
	光纤用除油剂	瓶	0.6000	1.0000	1.4000	1.8000	2.2000	0.0700
	光纤用切管刀片	片	1.5000	2.0000	2.5000	3.0000	3.5000	0.1000
	自粘性橡胶带 25mm×20m	卷	2.0000	2.5000	3.0000	3.5000	4.0000	0.1000
	塑料标识牌	个	1.0000	1.0000	1.0000	1.0000	1.0000	
	无纺布	m^2	1.0000	1.5000	2.0000	2.5000	3.0000	0.0500
	绸布	m^2	1.0000	1.1000	1.2000	1.3000	1.4000	0.0200
	压缩空气 标准瓶装	瓶	0.5000	0.7500	1.0000	1.2500	1.5000	0.0400
	其他材料费	元	6.8500	10.9900	15.0300	19.6200	24.2200	0.1700

续表

定额编号			XT12－64	XT12－65	XT12－66	XT12－67	XT12－68	XT12－69
项目			OPGW 光缆接续（芯以下）					OPGW 光缆接续
			12	24	36	48	60	每增加 2 芯
机械	电力工程车	台班	1.2000	1.4000	1.6000	1.8000	2.0000	0.0600
	光纤熔接仪	台班	1.2000	1.5600	1.9200	2.2800	2.6400	0.0960
	光纤电话	台班	1.2000	1.5600	1.9200	2.2800	2.6400	0.0960
	光时域反射仪	台班	1.2000	1.5600	1.9200	2.2800	2.6400	0.0960
	光纤切割刀	台班	1.2000	1.5600	1.9200	2.2800	2.6400	0.0960

定　额　编　号			XT12－70	XT12－71	XT12－72	XT12－73	XT12－74	XT12－75	XT12－76	XT12－77
项　　目			用户光缆接续（芯以下）						用户光缆接续（24芯以上）	冷接子接续
			2	4	8	12	18	24	每增加2芯	
单　　位			头	头	头	头	头	头	芯	芯
基　　价（元）			**210.62**	**282.56**	**397.99**	**551.79**	**721.59**	**901.83**	**68.30**	**10.08**
其中	人　工　费（元）		85.50	102.60	125.40	148.20	171.00	193.80	8.55	5.70
	材　料　费（元）		25.88	51.75	90.92	132.95	190.38	252.88	20.79	4.38
	机　械　费（元）		99.24	128.21	181.67	270.64	360.21	455.15	38.96	
名　　称		单位	数　　量							
人工	安装技术工	工日	1.5000	1.8000	2.2000	2.6000	3.0000	3.4000	0.1500	0.1000
计价材料	光纤用热缩封口	只	3.0000	6.0000	11.0000	15.0000	22.0000	29.0000	3.0000	
	光纤用除油剂	瓶	0.0300	0.0600	0.0800	0.1200	0.1400	0.2000	0.0100	0.0500
	光纤用切管刀片	片	0.0300	0.0600	0.0800	0.1200	0.1400	0.2000	0.0100	
	自粘性橡胶带　25mm×20m	卷	0.1000	0.2500	0.5000	1.0000	1.5000	2.0000	0.1000	
	塑料标识牌	个	1.0000	1.0000	1.0000	1.0000	1.0000	1.0000		1.0000
	无纺布	m^2	0.0500	0.1000	0.2000	0.5000	0.8000	1.2000	0.0800	0.0800
	绸布	m^2	0.2000	0.4000	0.6000	1.0000	1.2000	1.3000	0.0200	0.0200
	压缩空气　标准瓶装	瓶	0.0200	0.0400	0.1500	0.2500	0.5000	0.7500	0.0400	
	其他材料费	元	0.6200	1.2900	2.3400	3.7300	5.4100	7.0900	0.1700	0.2500

续表

定额编号			XT12－70	XT12－71	XT12－72	XT12－73	XT12－74	XT12－75	XT12－76	XT12－77
项目			用户光缆接续（芯以下）						用户光缆接续（24芯以上）	冷接子接续
			2	4	8	12	18	24	每增加2芯	
机械	电力工程车	台班	0.0200	0.0300	0.0600	0.1000	0.1200	0.1560	0.0080	
	光功率计	台班	1.0000	1.2000	1.4000	1.6000	1.9000	2.2000	0.2000	
	光纤熔接仪	台班	0.1500	0.2000	0.3000	0.5000	0.7000	0.9000	0.0800	
	光纤切割刀	台班	0.1500	0.2000	0.3000	0.4000	0.6000	0.8000	0.0800	

12.10 光缆单盘测试

工作内容：对光缆进行单盘测试。

定额编号			XT12－78	XT12－79	XT12－80	XT12－81	XT12－82	XT12－83
项目			光缆单盘测试（芯以下）					
			12	24	36	48	60	每增加2芯
单位			盘	盘	盘	盘	盘	芯
基价（元）			**690.03**	**930.64**	**1123.19**	**1403.90**	**1597.14**	**92.16**
其中	人工费（元）		57.00	68.40	85.50	102.60	119.70	5.70
	材料费（元）		98.59	149.68	200.77	252.66	304.44	24.96
	机械费（元）		534.44	712.56	836.92	1048.64	1173.00	61.50
名称		单位	数量					
人工	安装技术工	工日	1.0000	1.2000	1.5000	1.8000	2.1000	0.1000
计价材料	光纤测量用匹配油	瓶	0.1000	0.1500	0.2000	0.2500	0.3000	0.0100
	光纤用除油剂	瓶	0.2000	0.2300	0.2600	0.2900	0.3200	0.0200
	光纤用切管刀片	片	0.2000	0.4000	0.6000	0.8000	1.0000	0.1500
	自粘性橡胶带 25mm×20m	卷	1.0000	1.2500	1.5000	1.7500	2.0000	0.1000
	无纺布	m^2	1.0000	1.2000	1.4000	1.6000	1.8000	0.1000
	绸布	m^2	0.5000	0.6800	0.8600	1.0600	1.2500	0.0300
	压缩空气 标准瓶装	瓶	0.2500	0.4750	0.7000	0.9500	1.2000	0.2500
	其他材料费	元	2.4900	4.0500	5.6200	7.1900	8.7700	0.0600

续表

定额编号			XT12－78	XT12－79	XT12－80	XT12－81	XT12－82	XT12－83
项目			光缆单盘测试（芯以下）					
			12	24	36	48	60	每增加2芯
机械	电力工程车	台班	0.5000	0.5000	0.6000	0.7000	0.8000	0.0500
	光时域反射仪	台班	0.8000	1.2000	1.4000	1.8000	2.0000	0.1000
	光纤切割刀	台班	0.5000	0.6000	0.7000	0.8000	0.9000	0.0300

定额编号			XT12-84	XT12-85	XT12-86	XT12-87	XT12-88	XT12-89
项目			OPGW 光缆单盘测试（芯以下）					
			12	24	36	48	60	每增加 2 芯
单位			盘	盘	盘	盘	盘	芯
基价（元）			**735.03**	**975.64**	**1168.19**	**1448.90**	**1642.14**	**81.27**
其中	人工费（元）		68.40	79.80	96.90	114.00	131.10	5.70
	材料费（元）		98.59	149.68	200.77	252.66	304.44	14.07
	机械费（元）		568.04	746.16	870.52	1082.24	1206.60	61.50
名称		单位	数量					
人工	安装技术工	工日	1.2000	1.4000	1.7000	2.0000	2.3000	0.1000
计价材料	光纤测量用匹配油	瓶	0.1000	0.1500	0.2000	0.2500	0.3000	0.0100
	光纤用除油剂	瓶	0.2000	0.2300	0.2600	0.2900	0.3200	0.0200
	光纤用切管刀片	片	0.2000	0.4000	0.6000	0.8000	1.0000	0.0150
	自粘性橡胶带 25mm×20m	卷	1.0000	1.2500	1.5000	1.7500	2.0000	0.1000
	无纺布	m^2	1.0000	1.2000	1.4000	1.6000	1.8000	0.1000
	绸布	m^2	0.5000	0.6800	0.8600	1.0600	1.2500	0.0300
	压缩空气 标准瓶装	瓶	0.2500	0.4750	0.7000	0.9500	1.2000	0.2500
	其他材料费	元	2.4900	4.0500	5.6200	7.1900	8.7700	0.0600
机械	电力工程车	台班	0.6000	0.6000	0.7000	0.8000	0.9000	0.0500
	光时域反射仪	台班	0.8000	1.2000	1.4000	1.8000	2.0000	0.1000
	光纤切割刀	台班	0.5000	0.6000	0.7000	0.8000	0.9000	0.0300

12.11 光缆测试

工作内容：对光缆进行用户段、中继段测试。

定额编号			XT12－90	XT12－91	XT12－92	XT12－93	XT12－94	XT12－95	XT12－96
项目			用户光缆测试（芯以下）						用户光缆测试（24芯以上）
			2	4	8	12	18	24	每增加2芯
单位			用户段	用户段	用户段	用户段	用户段	用户段	芯
基价（元）			**128.63**	**142.58**	**167.98**	**204.67**	**236.70**	**272.08**	**39.93**
其中	人工费（元）		62.70	68.40	74.10	85.50	102.60	119.70	18.81
	材料费（元）		0.97	1.94	4.28	8.85	13.14	17.42	0.40
	机械费（元）		64.96	72.24	89.60	110.32	120.96	134.96	20.72
名称		单位	数量						
人工	安装技术工	工日	1.1000	1.2000	1.3000	1.5000	1.8000	2.1000	0.3300
计价材料	乙醇（酒精） 工业用 99.5%	kg	0.0500	0.1000	0.1500	0.3500	0.5000	0.6500	0.0100
	无纺布	m^2	0.1000	0.2000	0.5000	1.0000	1.5000	2.0000	0.0500
	其他材料费	元	0.0200	0.0400	0.0800	0.1700	0.2600	0.3400	0.0100
机械	电力工程车	台班	0.1000	0.1100	0.1500	0.2000	0.2200	0.2500	0.0500
	光功率计	台班	0.8000	0.9000	1.0000	1.1000	1.2000	1.3000	0.1000

<table>
<tr><td colspan="3">定 额 编 号</td><td>XT12－97</td><td>XT12－98</td><td>XT12－99</td><td>XT12－100</td><td>XT12－101</td><td>XT12－102</td></tr>
<tr><td colspan="3" rowspan="2">项 目</td><td colspan="5">中继光缆测试（芯以下）</td><td>中继光缆测试（24 芯以上）</td></tr>
<tr><td>12</td><td>24</td><td>36</td><td>48</td><td>60</td><td>每增加 2 芯</td></tr>
<tr><td colspan="3">单 位</td><td>中继段</td><td>中继段</td><td>中继段</td><td>中继段</td><td>中继段</td><td>芯</td></tr>
<tr><td colspan="3">基 价（元）</td><td>1667.21</td><td>2191.78</td><td>2806.95</td><td>3423.61</td><td>3876.86</td><td>304.06</td></tr>
<tr><td rowspan="3">其中</td><td colspan="2">人 工 费（元）</td><td>912.00</td><td>1140.00</td><td>1425.00</td><td>1710.00</td><td>1938.00</td><td>18.81</td></tr>
<tr><td colspan="2">材 料 费（元）</td><td>7.43</td><td>14.11</td><td>20.79</td><td>28.96</td><td>37.13</td><td>0.40</td></tr>
<tr><td colspan="2">机 械 费（元）</td><td>747.78</td><td>1037.67</td><td>1361.16</td><td>1684.65</td><td>1901.73</td><td>284.85</td></tr>
<tr><td colspan="2">名 称</td><td>单位</td><td colspan="6">数 量</td></tr>
<tr><td>人工</td><td>安装技术工</td><td>工日</td><td>16.0000</td><td>20.0000</td><td>25.0000</td><td>30.0000</td><td>34.0000</td><td>0.3300</td></tr>
<tr><td rowspan="3">计价材料</td><td>乙醇（酒精） 工业用 99.5%</td><td>kg</td><td>0.1000</td><td>0.1900</td><td>0.2800</td><td>0.3900</td><td>0.5000</td><td>0.0100</td></tr>
<tr><td>无纺布</td><td>m^2</td><td>1.0000</td><td>1.9000</td><td>2.8000</td><td>3.9000</td><td>5.0000</td><td>0.0500</td></tr>
<tr><td>其他材料费</td><td>元</td><td>0.1500</td><td>0.2800</td><td>0.4100</td><td>0.5700</td><td>0.7300</td><td>0.0100</td></tr>
<tr><td rowspan="4">机械</td><td>电力工程车</td><td>台班</td><td>0.5000</td><td>0.5000</td><td>0.6000</td><td>0.7000</td><td>0.8000</td><td>0.0500</td></tr>
<tr><td>光频谱分析仪</td><td>台班</td><td>0.2000</td><td>0.3000</td><td>0.4000</td><td>0.5000</td><td>0.9000</td><td>0.1000</td></tr>
<tr><td>光纤色散测试仪</td><td>台班</td><td>0.2000</td><td>0.3000</td><td>0.4000</td><td>0.5000</td><td>0.5000</td><td>0.1000</td></tr>
<tr><td>光时域反射仪</td><td>台班</td><td>0.3000</td><td>0.4500</td><td>0.6000</td><td>0.7500</td><td>0.9000</td><td>0.1000</td></tr>
</table>

12.12 电缆接续

工作内容：对电缆进行接续，电缆全程调试（包括环阻、绝缘、对地平衡）。

定额编号			XT12－103	XT12－104	XT12－105	XT12－106	XT12－107
项目			电缆接续（对以下）			封焊热缩套管	电缆全程调试
			50	100	200		
单位			个	个	个	个	100对
基价（元）			**500.72**	**635.00**	**777.24**	**30.05**	**974.93**
其中	人工费（元）		302.00	359.00	416.00	28.50	570.00
	材料费（元）		18.40	18.40	26.36	1.55	1.73
	机械费（元）		180.32	257.60	334.88		403.20
名称		单位	数量				
人工	普通工	工日	2.0000	2.0000	2.0000		
	安装技术工	工日	4.0000	5.0000	6.0000	0.5000	10.0000
计价材料	自粘性橡胶带 25mm×20m	卷	2.0000	2.0000	3.0000	0.1000	
	钢锯条 各种规格	根	1.0000	1.0000	1.0000		1.0000
	棉纱头	kg	0.1000	0.1000	0.1000	0.1000	
	其他材料费	元	0.5400	0.5400	0.7700	0.0500	0.0500

续表

定额编号			XT12－103	XT12－104	XT12－105	XT12－106	XT12－107
项目			电缆接续（对以下）			封焊热缩套管	电缆全程调试
			50	100	200		
机械	电力工程车	台班	0.3000	0.4000	0.5000		0.5000
	通信电缆充气机	台班					1.0000
	串噪声测试仪	台班	1.0000	1.5000	2.0000		1.0000
	电缆标牌机	台班	0.3000	0.5000	0.7000		

12.13 光缆保护管及其他检修

工作内容：对子管、钢管、引上钢管、防火封堵进行检查及更换，揭盖盖板、打穿墙洞、顶管等。

定额编号			XT12－108	XT12－109	XT12－110	XT12－111	XT12－112	XT12－113
项目			子管更换	钢管更换	揭盖盖板	打穿墙洞	防火封堵	引上钢管更换
单位			100m	100m	100m	个	个	根
基价（元）			**382.50**	**1164.79**	**296.00**	**47.08**	**48.06**	**125.16**
其中	人工费（元）		205.00	672.00	296.00	37.00	11.10	112.50
	材料费（元）		150.62	299.52		10.08	36.96	12.66
	机械费（元）		26.88	193.27				
名称		单位	数量					
人工	普通工	工日	4.0000	12.0000	8.0000	1.0000	0.3000	1.5000
	安装技术工	工日	1.0000	4.0000				1.0000
计价材料	镀锌扁钢　综合	kg		7.5000				
	钢管卡子 DN50	个		65.0000				
	塑料管卡子 DN32	个	120.0000					
	镀锌铁栓　综合	kg	0.5000					2.0000
	防火堵料有机柔性 YFD 型	kg					6.0000	
	塑料膨胀管　φ6	只	240.0000					
	黏结剂通用	kg	0.5000					
	醇酸防锈漆	kg		5.0000				

续表

定额编号			XT12－108	XT12－109	XT12－110	XT12－111	XT12－112	XT12－113
项目			子管更换	钢管更换	揭盖盖板	打穿墙洞	防火封堵	引上钢管更换
计价材料	沥青清漆	kg		8.0000				
	冲击钻头 $\phi8$	支	0.5000					
	冲击钻头 $\phi12$	支				1.0000		
	冲击钻头 $\phi16$	支		0.6000				
	钢锯条各种规格	根	2.0000					1.0000
	其他材料费	元	11.0600	18.5200				
机械	弯管机（WC27～108）	台班		1.0000				
	管子切断套丝机　159mm	台班		0.8000				
	交流电焊机　21kVA	台班		1.0000				
	电力工程车	台班	0.0800	0.0800				

定额编号				XT12－114	XT12－115	XT12－116	XT12－117
项目				顶管（ϕ150 埋深 5m 以内）			
				10m 以下	15m 以下	20m 以下	每增加 5m
单位				根	根	根	根
基价（元）				**2814.25**	**3511.45**	**4210.52**	**1365.90**
其中	人工费（元）			624.00	832.00	1040.00	359.00
	材料费（元）			558.78	639.26	721.61	100.41
	机械费（元）			1631.47	2040.19	2448.91	906.49
名称			单位	数量			
人工	普通工		工日	3.0000	4.0000	5.0000	2.0000
	安装技术工		工日	9.0000	12.0000	15.0000	5.0000
计价材料	无缝钢管 10～20 号 ϕ159 以下		kg	5.1310	6.8410	8.5520	3.4210
	沥青清漆		kg	3.5000	5.5000	7.0000	2.0000
	水		t	38.0000	55.0000	74.0000	20.0000
	枕木 160mm×220mm×2500mm		根	2.2730	2.2730	2.2730	
	其他材料费		元	40.6700	43.0100	45.4100	2.9200
机械	电动单级离心清水泵 出口直径 50mm		台班	2.0000	3.0000	4.0000	1.2000
	污水泵 出口直径 70mm		台班	3.0000	4.0000	5.0000	2.0000
	电力工程车		台班	3.0000	3.5000	4.0000	1.5000

定额编号			XT12-118	XT12-119	XT12-120	XT12-121
项目			管道抽排水	管孔封堵	管道清除淤泥	修剪树枝
单位			处	处	处	处
基价(元)			**286.16**	**57.32**	**60.65**	**97.10**
其中	人工费(元)		45.60	11.40	27.05	29.90
	材料费(元)		1.55	12.32		
	机械费(元)		239.01	33.60	33.60	67.20
名称		单位	数量			
人工	普通工	工日			0.5000	0.5000
	安装技术工	工日	0.8000	0.2000	0.1500	0.2000
计价材料	防火堵料有机柔性 YFD 型	kg		2.0000		
	自粘性橡胶带 25mm×20m	卷	0.2000			
机械	污水泵 出口直径 70mm	台班	0.5000			
	电力工程车	台班	0.5000	0.1000	0.1000	0.2000

12.14 光缆跨越

工作内容：光缆跨越低压线、弱电线、高压电力线、河流、铁路、公路等。

定额编号			XT12-122	XT12-123	XT12-124	XT12-125	XT12-126	XT12-127
项目			光缆跨越					
			低压线、弱电线	高压电力线	一般公路	高速公路	铁路	河流
单位			处	处	处	处	处	处
基价（元）			**382.23**	**831.12**	**490.92**	**575.08**	**506.50**	**107.51**
其中	人工费（元）		245.00	604.00	302.00	359.00	330.50	75.50
	材料费（元）		54.91	110.86	125.75	141.82	115.52	
	机械费（元）		82.32	116.26	63.17	74.26	60.48	32.01
名称		单位	数量					
人工	普通工	工日	2.0000	4.0000	2.0000	2.0000	2.0000	0.5000
	安装技术工	工日	3.0000	8.0000	4.0000	5.0000	4.5000	1.0000
计价材料	镀锌铁丝　综合	kg	2.0300	3.6200	1.1700	1.8800	1.4400	
	钢管脚手架　包括扣件	kg		4.1400	17.2000	16.9500	14.0400	
	木脚手杆杉原木 $\phi80\times6000$mm	根	0.4800	0.7200	0.2500	0.3800	0.3000	
	毛竹	根	1.3300	2.2000	0.7300	1.1400	0.9000	
	安全网	m^2	1.6600	1.3400	0.7300	0.7000	0.8100	
	木桩	个	0.5400	1.2800	1.4700	2.6100	1.8000	

续表

定额编号			XT12－122	XT12－123	XT12－124	XT12－125	XT12－126	XT12－127
项目			光缆跨越					
			低压线、弱电线	高压电力线	一般公路	高速公路	铁路	河流
计价材料	其他材料费	元		2.1200				
机械	电力工程车	台班	0.2450	0.3460	0.1880	0.2210	0.1800	0.0230
	机动船舶 5t	台班						0.2700

12.15 牵、张场场地建设

工作内容：牵、张场场地人工平整和场内钢板、道木的铺设，材料及工器具转移。

定额编号			XT12－128	XT12－129
项目			场地平整	钢板铺设
单位			处	处
基价（元）			**533.68**	**4416.73**
其中	人工费（元）		490.00	490.00
	材料费（元）			3171.52
	机械费（元）		43.68	755.21
名称		单位	数量	
人工	普通工	工日	4.0000	4.0000
	安装技术工	工日	6.0000	6.0000
计价材料	中厚钢板　12～20mm	kg		340.0000
	方材红白松　二等	m^3		0.6800
机械	输电专用载重汽车　5t	台班		1.1600
	电力工程车	台班	0.1300	1.0000

第13章 通信业务

说　明

一、内容范围

本章包括二线业务、四线业务、64K 业务、2M 业务、34M 业务、155M 业务、622M 业务、2.5G 业务、10G 业务、10/100M 业务、GE 业务、万兆业务。

二、未包括的内容

业务接入的相关审批手续。

三、定额套用及调整

1．业务接入是指主站与业务端具体业务的割接、接入开通，不论中间经过多少转接均按一条业务计列。

2．本章定额子目应根据建设单位的有关工作职能划分规定选择使用。

工作内容： 1. 业务开通前准备工作。2. 用户数据、功能的调试。3. 整理及填写调试报告。

定额编号			XT13－1	XT13－2	XT13－3	XT13－4	XT13－5
项目			二线业务通道	四线业务通道	64K 业务通道	2M 业务通道	34M 业务通道
单位			条	条	条	条	条
基价（元）			**457.32**	**463.02**	**485.82**	**520.86**	**553.28**
其中	人工费（元）		171.00	176.70	199.50	216.60	245.10
	材料费（元）		14.83	14.83	14.83	15.86	15.86
	机械费（元）		271.49	271.49	271.49	288.40	292.32
名称		单位	数量				
人工	安装技术工	工日	3.0000	3.1000	3.5000	3.8000	4.3000
计价材料	警示牌	个	4.0000	4.0000	4.0000	4.0000	4.0000
	标签色带 （12～36）mm×8m	卷	0.1500	0.1500	0.1500	0.2000	0.2000
	脱脂棉	卷	0.1000	0.1000	0.1000	0.1000	0.1000
	其他材料费	元	0.8500	0.8500	0.8500	0.8700	0.8700
机械	电力工程车	台班	0.6000	0.6000	0.6000	0.8000	0.8000
	PCM 通道测试仪	台班	0.5000	0.5000	0.5000		
	功能检测分析平台（电脑）	台班				0.5000	0.6000
	电压表（指针式）	台班	0.2000	0.2000	0.2000		

定额编号			XT13－6	XT13－7	XT13－8	XT13－9	XT13－10	XT13－11	XT13－12
项目			155M 业务通道	622M 业务通道	2.5G 业务通道	10G 业务通道	10/100M 业务通道	GE 业务通道	万兆业务通道
单位			条	条	条	条	条	条	条
基价（元）			**645.16**	**671.88**	**719.06**	**830.06**	**712.36**	**673.92**	**799.84**
其中	人工费（元）		279.30	302.10	336.30	444.60	279.30	290.70	381.90
	材料费（元）		15.86	15.86	21.00	15.86	15.86	15.86	15.86
	机械费（元）		350.00	353.92	361.76	369.60	417.20	367.36	402.08
名称		单位	数量						
人工	安装技术工	工日	4.9000	5.3000	5.9000	7.8000	4.9000	5.1000	6.7000
计价材料	警示牌	个	4.0000	4.0000	4.0000	4.0000	4.0000	4.0000	4.0000
	标签色带 （12～36）mm×8m	卷	0.2000	0.2000	0.2000	0.2000	0.2000	0.2000	0.2000
	乙醇（酒精） 工业用 99.5%	kg	0.1000	0.1000	1.0000	0.1000	0.1000	0.1000	0.1000
	脱脂棉	卷	0.1000	0.1000	0.1000	0.1000	0.1000	0.1000	0.1000
	其他材料费	元	0.3100	0.3100	0.4100	0.3100	0.3100	0.3100	0.3100
机械	电力工程车	台班	0.8000	0.8000	0.8000	0.8000	0.8000	0.8000	0.8000
	光万用表（光源、光功率计、光纤在线测试）	台班	0.4000	0.4000	0.4000	0.4000	0.4000		
	数据分析仪（数据测试仪）	台班					0.5000	0.5000	0.7000
	功能检测分析平台（电脑）	台班	0.7000	0.8000	1.0000	1.2000	0.7000	0.8000	1.0000

主要编制人　郭　玮　董士波　马卫坚　顾　爽　吕红霞　陈瑞军　沈　洁
何　坚　鲁开中　杨仁明　李海龙　于　倩　王洪飞　康　朋
王曙光　王玉科　薛　崧　董德平　曹　妍　付薇冰　周　慧
王　鑫　赵紫霞　徐富平

主要审查人　任兆龙　董德平　税全利　徐慧超　张天学　李述兵　柳　印
包权宗　叶　宁　张　博　王曙光　胡　丹　向思怡　况美玲